가슴, 재수술
이제는
건강한 가슴

Prologue 서론

가슴성형은 여성의 삶에서 외모뿐 아니라 심리적 자신감과도 직결되는 중요한 수술입니다. 특히 재수술을 고민하는 환자들에게 있어 그 마음은 더욱 복잡하고 불안합니다. 수술 자체에 대한 두려움, 통증에 대한 걱정, 경제적 부담, 부작용 가능성, 병원과 의사에 대한 신뢰 여부 등 여러 감정이 얽혀 있기 때문입니다. 유앤유성형외과에서는 재수술 환자들의 이러한 불안한 마음을 헤아리고 자신감을 회복해 드리기 위해 이 책을 집필하게 되었습니다.

유앤유성형외과는 2020년 "출산, 수유, 그리고 예쁜 가슴"을 첫 출판한 이래 지금까지 6쇄를 인쇄해 오며 가슴성형에 대한 지식을 대중에게

전파해 오고 있습니다. 다른 병원에서도 비슷한 류의 출판을 서둘러 하고 있는 것을 보면 유앤유성형외과가 가슴성형의 선도적 역할을 해오고 있다고 자부할 수 있습니다. 특히 2024년 1월부터 12월까지 모티바코리아 공식 집계 기준, 보형물 사용량 전국 1위를 달성하며 국내에서 가장 많은 수술을 진행한 병원으로 선정되었으며 식품의약안전처 보고 기준 2024년 1월부터 12월까지 총 3023건의 보형물을 삽입하였다고 집계되었습니다.(이 압도적인 수치는 믿을 수 없다며 타병원에서 허위과장광고로 보건소에 신고하여, 저희가 직접 의료기기통합정보시스템 조회하여 소명하였습니다.)

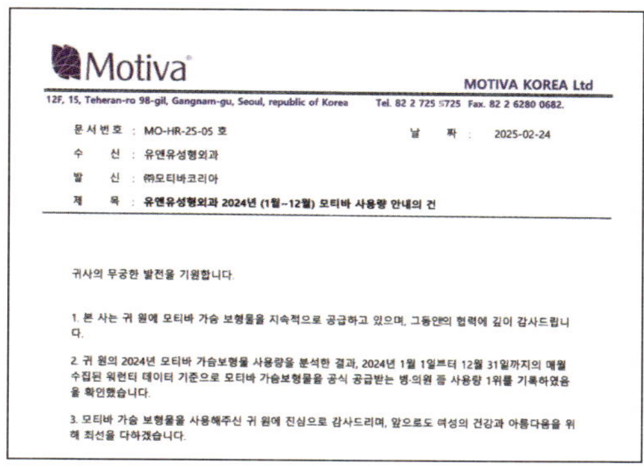

〈식품의약안전처 산하 의료기기전자민원 시스템에 등록된 유앤유성형외과 자료〉

〈 모티바코리아에서 인증한 보형물 사용량 1의 병원 유앤우성형외과 〉

이렇게 많은 수술을 하면서 케이스 경험을 충분히 쌓은 후 이제야 비로소 재수술이라는 심화 영역을 소개해 드릴 수 있게 되었습니다. 가슴성형 재수술은 단순한 수술의 반복이 아니라, 기존 수술의 문제를 분석하고 환자의 불편함을 같이 공감하며, 해부학적 구조에 맞는 해결책을 제시하는 고도의 전문 영역입니다. 특히 재수술을 고려하는 환자는 처음 수술보다 더 큰 스트레스를 안고 있으며, '과연 다시 수술해도 나아질 수 있을까?', '이전보다 더 나빠지는 건 아닐까?'라는 불안에 시달리고 있습니다.

이 책은 이러한 고민을 가진 환자분들을 위해 '정확한 정보'와 '희망'을 드리고자 유앤유의 두번째 집필 도서로 선정되었습니다. 특히 재수술에 특화된 유앤유성형외과의 경험을 바탕으로, 문제를 정확히 진단하고 해결해 나가는 과정, 수술 방법의 선택 기준, 그리고 수술 후 관리까지 모든 과정을 실제 환자 중심으로 풀어냈습니다.

https://www.youtube.com/@uuplasticsurgery
〈 유앤유성형외과 공식 유튜브 〉

https://blog.naver.com/unubreasts
〈 유앤유성형외과 공식 블로그 〉

또한 유앤유 유튜브 채널에서 소개한 실제 촬영 영상, 블로그에서 공개한 병원 실적, 20년 이상 쌓인 논문, 수술 기록과 사진자료를 바탕으로 구성하여, 정보의 신뢰도를 높였습니다. 예를 들면, 유앤유는 2005년 유방확대술, 2007년 유방재건술에 대한 논문을 대한성형외과학회지에 게재한 자료로 근거로 가슴연구 경력을 입증할 수 있습니다.(참고로, 성형 앱에서 검색되는 경력 15년, 20년 등은 의사면허증을 취득한 년드를 기준으로 인정이 되며 가슴성형 경력과는 무관합니다.)

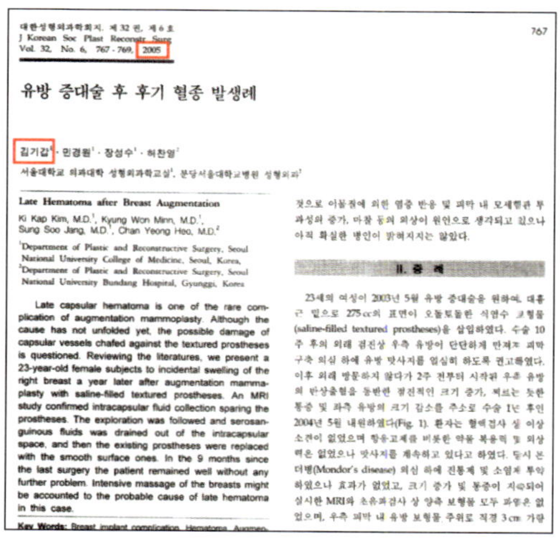

대한성형외과학회지, 제32권, 제6호
J Korean Soc Plast Reconstr Surg
Vol. 32, No. 6, 767 - 769, 2005

유방 증대술 후 후기 혈종 발생례

김기갑 · 민경원 · 장성수 · 허찬영

서울대학교 의과대학 성형외과학교실, 분당서울대학교병원 성형외과

Late Hematoma after Breast Augmentation

Ki Kap Kim, M.D., Kyung Won Minn, M.D.,
Sung Soo Jang, M.D., Chan Yeong Heo, M.D.

Department of Plastic and Reconstructive Surgery, Seoul National University College of Medicine, Seoul, Korea,
Department of Plastic and Reconstructive Surgery, Seoul National University Bundang Hospital, Gyunggi, Korea

Late capsular hematoma is one of the rare complication of augmentation mammoplasty. Although the cause has not unfolded yet, the possible damage of capsular vessels chafed against the textured prostheses is questioned. Reviewing the literatures, we present a 23-year-old female subjects to incidental swelling of the right breast a year later after augmentation mammaplasty with saline-filled textured prostheses. An MRI study confirmed intracapsular fluid collection sparing the prostheses. The exploration was followed and serosanguinous fluids was drained out of the intracapsular space, and then the existing prostheses were replaced with the smooth surface ones. In the 9 months since the last surgery the patient remained well without any further problem. Intensive massage of the breasts might be accounted to the probable cause of late hematoma in this case.

Key Words: Breast implant complication, Hematoma, Augmen

것으로 아물질에 의한 염증 반응 및 피막 내 모세혈관 투과성의 증가, 마찰 등의 외상이 원인으로 생각되고 있으나 아직 확실한 병인이 밝혀지지는 않았다.

Ⅱ. 증 례

23세의 여성이 2003년 5월 유방 증대술을 원하여 대흉근 밑으로 275cc의 표면이 오돌토돌한 식염수 코형물 (saline-filled textured prostheses)을 삽입하였다. 수술 10주 후의 외래 검진상 우측 유방이 단단하게 만져져 피막 구축 의심 하에 유방 맛사지를 열심히 하도록 권고하였다. 이후 외래 방문하지 않다가 2주 전부터 시작된 우측 유방의 반상출혈을 동반한 점진적인 크기 증가, 찌르는 듯한 통증 및 좌측 유방의 크기 감소를 주소로 수술 1년 후인 2004년 5월 내원하였다(Fig. 1). 환자는 혈액검사 실 이상소견이 없었으며 항응고제를 비롯한 약물 복용력 이상력은 없었으나 맛사지를 계속하고 있다고 하였다. 당시 본 더병(Mondor's disease) 의심 하에 진통제 및 소염제 투약하였으나 효과가 없었고, 크기 증가 및 통증이 지속되어 실시한 MRI와 초음파검사 상 양측 보형물 모두 파열은 없었으며, 우측 피막 내 유방 보형물 주위로 직경 3cm 가량

< 2005년 대한성형외과학회지에 발표한 "유방 증대술 후 후기 혈종 발생례 >

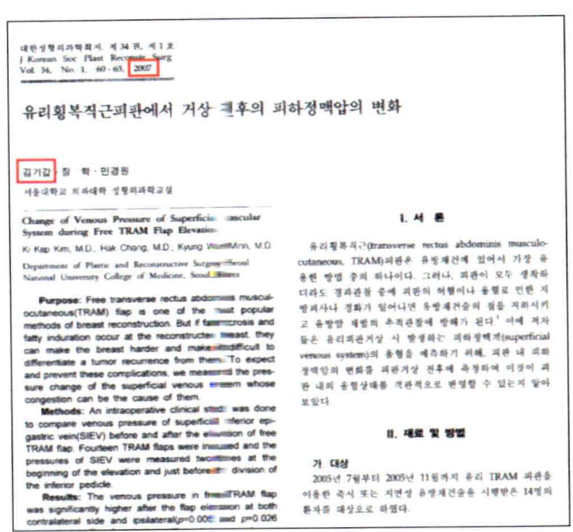

〈 2007년 대한성형외과학회지에 발표한
"유리횡복직근피판에서 거상 전후의 피하정맥압의 변화 〉

이 책의 서론에서는 먼저 재수술이 첫수술과 다른 점을 이해하기 위해 심리적인 요소와 기술적인 요소를 정리하고, 유앤유 재수술 시스템이 어떻게 구성되어 있는지 간략히 안내합니다. 이후 본문에서는 재수술의 원인을 의학적 부작용과 심미적 불만족 두가지 카테고리로 분류하고 각각 7가지 대표적인 상황에 대해 원인 분석부터 수술적 해결, 회복 과정까지 상세히 설명하고 있습니다.

이 책을 통해 재수술을 고민하시는 환자분들이 스스로의 상태를 정확히 이해하고, 불필요한 공포에서 벗어나 보다 합리적인 결정을 내리는 데 도움이 되길 바랍니다. 그리고 유앤유성형외과가 그 길에 든든한 동반자가 되어드릴 수 있기를 바랍니다.

재수술에 대한 전반적인 이해를 위해 아래 링크를 먼저 훑어보시면 좋을
듯 합니다.

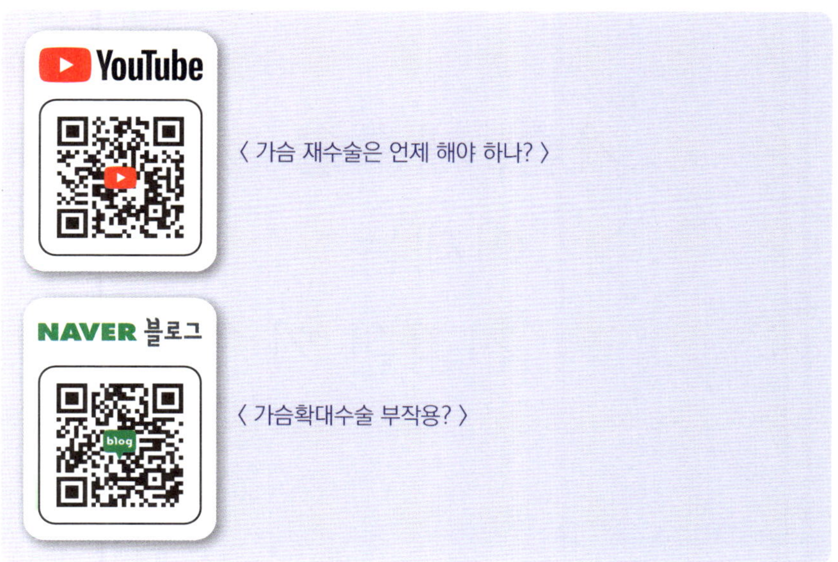

Contents (목차)

가슴, 재수술
이제는
건강한 가슴

1부

가슴성형 재수술의 이해

재수술을 결심하기까지

심리적 장벽 넘기

가슴성형 재수술을 고민하는 환자는 단순히 외형의 불만족을 넘어서, '또 실패하면 어떡하지?', '이번엔 아프지 않을까?', '사람들이 알게 되면 창피하지 않을까?' 등의 정서적 부담을 안고 있습니다.

그래서 가슴성형 재수술을 결심하는 과정은 단순히 수술을 다시 받을지 말지를 판단하는 것이 아닙니다. 이는 자신에 대한 불만족, 첫 수술에 대한 실망, 타인에 대한 신뢰 부족, 그리고 향후 결과에 대한 불안 등등의 심리 장벽을 넘는 과정이기도 합니다.

첫 수술을 받고 난 후 기대한 모습이 나오지 않거나, 시간이 지나면서 모양이 바뀌거나 부작용이 발생했을 때 환자는 실망을 넘어 분노, 자책, 공포를 겪게 됩니다. "내가 수술을 잘못 선택한 걸까?", "이전 병원처럼 또 책임

져주지 않으면 어떻게 하지?", "또 실패하면 이젠 회복도 안 되는 거 아닐까?" — 이런 질문들이 환자의 마음에 깊게 남습니다. 이러한 심리 장벽을 5가지로 정리하면 다음과 같습니다.

- **자기 부정**: 수술 실패에 대한 수치심과 자존감 저하
- **신뢰 상실**: 첫 수술 실패에 대한 불신이 다음 선택을 더 어렵게 만듦
- **결정 회피**: 재수술에 대한 두려움으로 결정을 미루고 문제를 방치
- **정보 혼란**: 온라인 정보 과잉으로 오히려 의사결정을 방해받음
- **경제적 부담감**: 첫 수술대비 더 싼 비용이 부담됨

〈 가슴재수술비용, 왜 첫 수술에 비해 더 비싸다고 할까 〉

✎ 유앤유의 상담 접근법

그래서 유앤유의 재수술 상담은 단순한 수술 상담이 아닌, 환자의 마음을 먼저 돌보는 심리 상담에서 시작해야함을 강조하고 있습니다. 실제로 유앤유에서는 재수술 상담에 30분 이상 시간을 배정하고, 환자의 말 속에서 반복되는 불안과 트라우마 등 경험의 단서를 찾습니다.

유앤유성형외과에서는 이러한 환자의 5가지 심리적 장벽을 이해하는 것

부터 재수술 상담을 시작합니다. 상담 초반에는 환자가 자신의 경험을 말로 표현할 수 있도록 유도하며, 그 과정에서 감정적 요소와 의학적 문제를 구분합니다. 저희 유앤유에서는 "불만족스러운 수술 결과보다, 그것이 해결되지 않을 수도 있다는 사실이 더 큰 상처가 된다"는 점을 항상 염두에 두고 진료하고 있습니다. 그래서 상담실에서는 다음과 같은 질문들을 환자분에게 드리면서 속마음을 시원하게 털어놓도록 해드립니다.

〈 제가 함부로 재수술을 하지 않는 이유는... 〉

재수술 상담실에서 이루어지는 질문들

- 첫수술 전 어떤 기대를 했는가?
- 첫수술 후 언제부터 불만족을 느꼈는가?
- 현재 가장 크게 느끼는 문제는 무엇인가?
- 재수술을 앞두고 현재 가장 걱정되는 점은?
- 재수술을 망설이게 하는 요소는 무엇인가?

이런 질문을 통해 환자의 핵심 불안을 파악하고, '기술로 해결 가능한 부분'과 '심리적 공감이 필요한 부분'을 나누어 설명합니다. 예를 들어, 첫 수술 후 보형물 파열과 구축 발생, 병원 책임 회피로 3년 동안 고민 후 유앤유 내원하신 환자분께는 비슷한 케이스의 성공사례를 보여드리며 신뢰 중

심 상담 후 재수술을 결정하시게 도와 드립니다. 또는 외형은 괜찮지만 유두 비대칭 및 애니메이션 변형이 불편해서 "내가 예민한 건가요?"라며 자책하던 환자에게는, 사람에 따라 느끼는 정도가 다를 수 있으니 불편하시면 해결해드리겠다는 설명 후 안도감 얻고 재수술을 결정하시게 도와 드립니다.

단순 사이즈 불만족으로 인한 재수술은 비교적 간단한 수술이므로 아래의 링크만 보셔도 충분할 것입니다.

〈 가슴재수술 후기, 사이즈 불만족/ 보형물 교체? 〉

〈 부작용 재수술이 대부분..?
가슴재수술 원인은 이게 더 많아요~〉

〈 환자 스스로 결정하시도록 정보 제공 〉

"첫 수술은 친구가 수술이 잘된 병원 그냥 추천으로 갔다가 이렇게 됐어요"라고 푸념을 하시는 경우가 많습니다. 한 사람의 수술이 잘됐다고 다음 사람도 수술이 잘 되리라는 보장은 없습니다. 운이 좋았을 수도 있고 사람마다 조건이 다를 수 있기 때문입니다. 그래서 유앤유에서는 환자가 수술에 대한 공부를 많이 하고 자기 주도적으로 재수술 여부를 결정할 수 있도록 다음과 같은 정보를 제공합니다.

① 재수술을 해야 할 의학적 징후 여부
② 수술하지 않고 관찰할 수 있는 경우
③ 수술 시 예상 회복 기간, 결과, 제한사항
④ 수술 비용, 보형물 종류, 절개 부위 선택지 등

많은 환자들이 막연하게 "확신이 없어서" 수술을 망설인다고 말합니다. 하지만 구체적으로 필요한 것은 의료진을 향한 신뢰입니다. 신뢰는 많은 경험을 바탕으로 한 설명, 성실, 일관성에서 나옵니다." 그리하여 유앤유의 재수술 결정은 환자 스스로 '선택 가능한 상태'가 되도록 만드는 데 중점을 둡니다. 유앤유 재수술 상담의 목적은 바로 그 '심리적 준비'를 집도의, 상담실장 그리고 환자 자신과 함께 만드는 데 있습니다. 그렇게 준비를 철저히 하면 비로소 심리적 장벽을 넘을 수 있게 되고 그 이후에 수술방법이나 보형물 등 현실적인 선택을 하시면 됩니다.

02 가슴 재수술 보형물과 기술의 진화

　이 챕터에서는 먼저 가슴보형물의 진화가 어떻게 재수술의 빈도를 낮추고 있는지 보여드리겠습니다. 그리고 기술적으로 다양한 삽입평면, 절개법 등의 장단점에 대해 설명드리고 피막제거술에 대해 자세히 말씀드리겠습니다.

〈가슴 보형물의 진화〉

　가슴 보형물의 발전은 단순히 모양과 촉감의 향상에 그치지 않습니다. 안전성, 생체적합성, 그리고 중기적인 유지력이라는 관점에서 가슴 재수술의 성패를 좌우하는 핵심 요소로 진화해왔습니다. 그 결과 최근 재수술 환자들 사이에서 가장 신뢰받는 보형물은 바로 모티바(Motiva) 입니다. 그 이유는 전체적인 부작용 발생 확률이 타 보형물에 비해 낮으며, 대부분의 재수술 환자는 다시는 부작용을 겪고 싶어하지 않기 때문입니다.

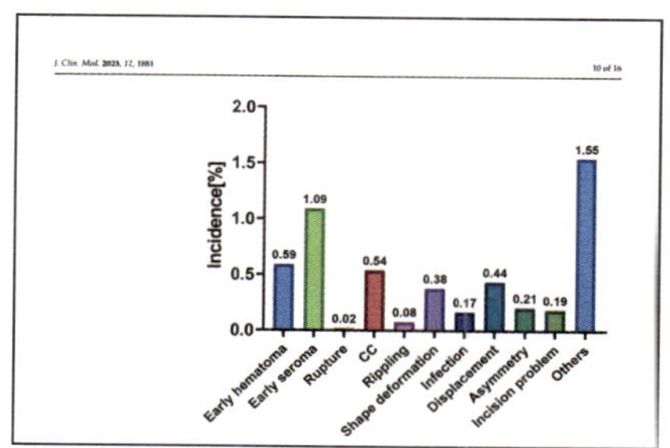

〈 Complication Rates after Breast Surgery with the Motiva Smooth Silk Surface Silicone Gel Implants—A Systematic Review and Meta-Analysis. 2023 〉

2023년 Marie-Luise 등은 메타분석을 통해 Journal of Clinical Medicine에 Motiva SilkSurface 보형물로 수술 받은 4784명의 부작용을 분석한 논문을 발표하였습니다. 초기 장액종이 1.09%로 가장 높지만 대부분 저절로 흡수되는 경우입니다. 모두가 두려워하는 구형구축(CC: Capsular Contracture)의 경우 0.54%, 파열(Rupture)의 경우 0.02%로 굉장히 낮은 수치로 밝혀졌습니다. 이런 이론적인 데이터 뿐만 아니라 제가 실제로 임상에서 수술해 볼 때 모티바 보형물이 다른 회사 보형물에 비해 부작용 확률이 낮은 것을 실제로 체감할 수 있습니다. 물론, 첫수술을 멘토(Mentor)사의 보형물로 받았으며 단순 사이즈 불만족으로 재수술을 받으시는 분들은 다시 멘토 사의 보형물을 선택하시는 경우가 많습니다.

〈 아내, 딸에게 가슴성형 해준다면 어떤 보형물로 하실거에요? 모티바 vs 멘토〉

〈 내 가족이 가슴성형 한다면?! ☆ 보형물 파헤치기 〉

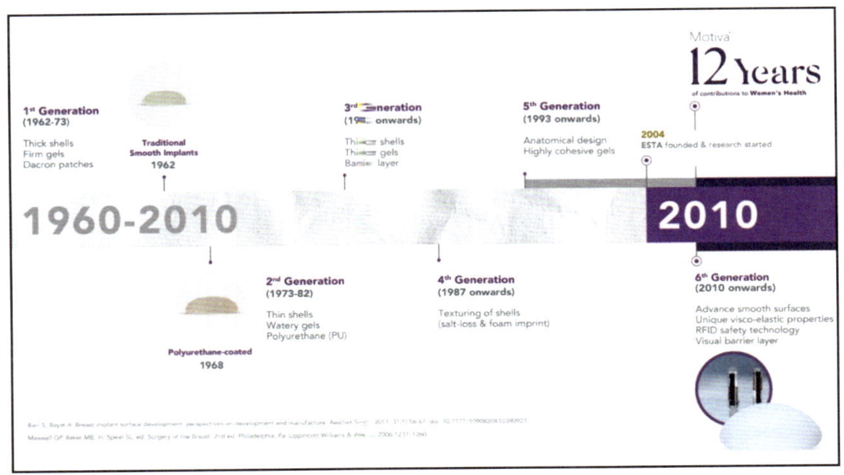

모티바는 2004년 설립된 ESTA 라는 회사에서 개발되었으며 4마이크로 미터의 미세돌기를 가진 스무스실크(SmoothSilk) 표면을 가진 차세대 실리콘 보형물로, 텍스처드 보형물 대비 구형구축, 장액종, BIA-ALCL 등 부작용 발생률이 현저히 낮은 것으로 보고되고 있습니다. 이러한 특성은 2024년 드디어 미국 FDA 승인기 나는데 크게 기여하였으며 수술 후 회복 속도와 만족도에도 큰 영향을 미칩니다.

① **스무스실크 표면(SmoothSilk)**: 인체 조직과의 마찰을 최소화해 피막

자극과 구형구축을 줄임

＊ 모티티바어고노믹스(실크 서페이스)
스무스실크 표면 확대(60

② **블루씰(Bluseal)**: 파열 여부를 빠르게 감지할 수 있어 환자 안전성 확보

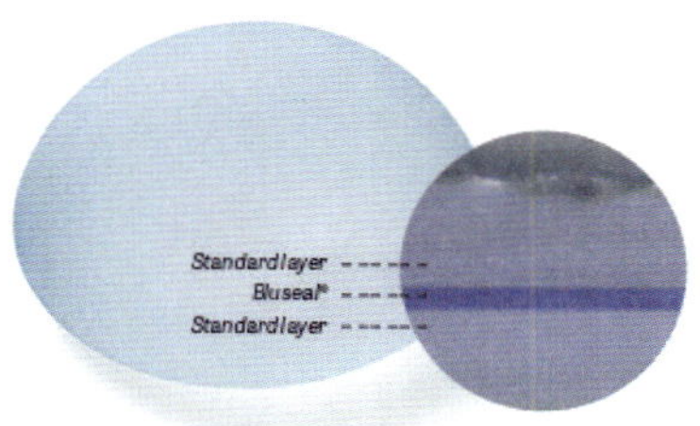

③ **Ergonomix 디자인**: 자연스러운 움직임과 촉감 구현 → 정적인 상황과

동적인 움직임 모두 자연스럽게 반응

④ 염증 최소화 설계: 4 마이크로미터의 미세돌기가 Biofilm 생성 억제

구조로 염증 및 장액종 확률을 낮춰 구형구축 최소화

모티바 회사의 역사는 아래 링크에서 확인 가능합니다.

〈 모티바 제조사의 역사 2004~2024 〉

유앤유성형외과에서는 다음과 같은 다양한 평면법이 가능합니다:

Dual Plane (이중평면): 근육의 일부가 보형물의 상부를 덮어주는 방식으로 일반적인 상황의 가슴확대술에서 가장 널리 적용되고 있습니다. 일반적인 상황이라 함은 대부분의 한국 여성분들 처럼 자산이 없는 마르고 얇은 조직의 소유자가 C컵 이상의 볼륨을 원하는 상황입니다. 대흉근의 아래쪽을 풀어주면서 보형물을 삽입해야 하므로 애니메이션의 확률이 있기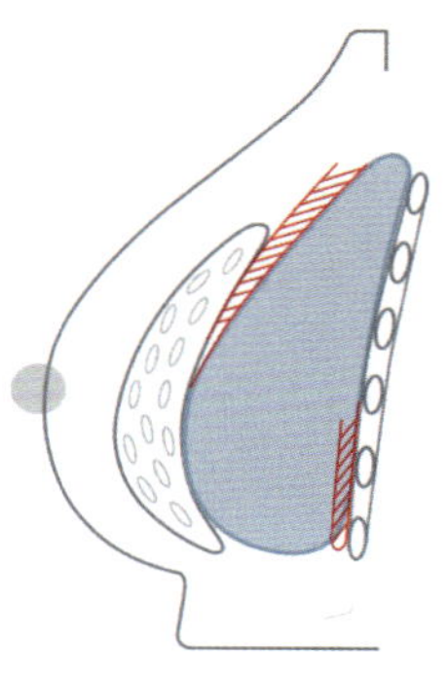는 하지만 매우 드문 현상이므로 걱정하지 않으셔도 됩니다. 참고로 가끔 환자분들이 물어보시는 삼중평면, 사중평면 등은 광고, 홍보용으로 사용되고 있는 것으로 보이며 학술적, 과학적으로 검증되지 않은 방법이므로 주의 부탁드립니다.

Subfascial (근막하): 생리학적으로 그리고 해부학적으로 원래 가슴이 있어야 하는 위치에 보형물을 넣어주는 방식이므로 굉장히 자연스러운 촉감과 움직임을 가질 수 있는 이상적인 수술방법입니다. 모티바 2세대 수술법인 프리저베(Preserve) 방식이 근막하를 응용한 자가조직 보존수술법입니다. 그래서 근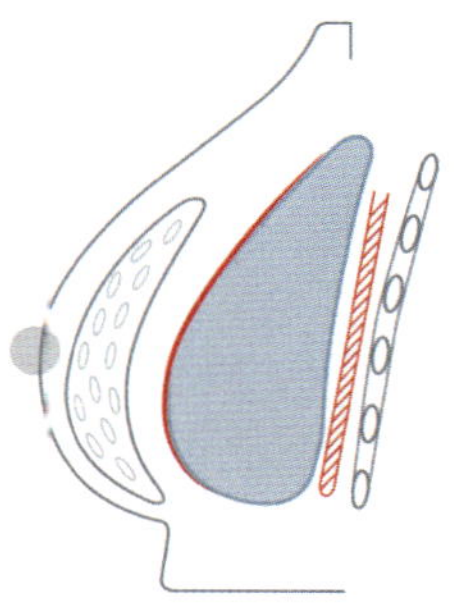육 영향이 최소화 되고 자연스러운 움직임이 보장되지만 피부와 피하조직이 두꺼운 사람에게만 유리하고 일반적인 체형의 경우 하이브리드 방법으로 보완해야 좋은 경우가 있습니다. 따라서 유앤유에서는 두가지 조건을 만족시킬 때 적용하고 있습니다. 피부, 피하지방, 유선조직의 두께가 충분한 환자가 , 약 300cc 전후의 보형물을 원할 때만 적용합니다. 이 두가지 조건을 만족하시는 환자라면 아주 이상적인 수술방법이며 프리저베 방식으로 삽입할 경우 수면마취로 20~40분 만에 수술받고 바로 귀가하실 수 있을 정도로 좋은 수술방법입니다.

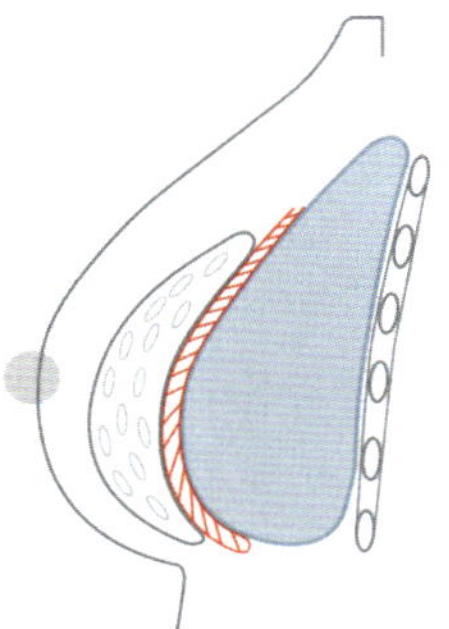

Totally Submuscular (완전근육하): 윗볼록이 심하게 나타나기 때문에 일반적인 케이스에서는 사용되지 않고 조직이 아주 얇거나 유방암재건술에 간혹 사용합니다. 과거 겨드랑이로 첫수술을 한뒤 밑선이 짧고 윗볼록과 애니메이션이 심한 경우가 있는데 이중평면법이 제대로 적용되지 않고 완전근육하로 되어 있는 경우가 종종 있습니다. 유앤유에서는 이중평면으로 전환해서 이를 해결해 드리고 있습니다.

재수술의 경우 평면전환을 해야 하는 경우가 있는데 간단히 예를 들어 보면

① 완전 근육하로 첫수술을 하여 윗볼록이 심한 경우

　　→ 이중평면으로 전환

② 근막하로 첫수술을 하여 위쪽 가슴 리플링이 심한 경우

　　→ 이중평면으로 전환 (아래 그림 참조)

③ 완전근육하 또는 이중평면이 제대로 안되어 애니메이션이 심한 경우

　　→ 근막하로 전환 또는 이중평면을 정확히 시행

이렇게 모든 평면을 자유자재로 전환할 수 있어야 각각의 재수술 상황에 맞춰 정확한 해결법을 제시할 수 있습니다.

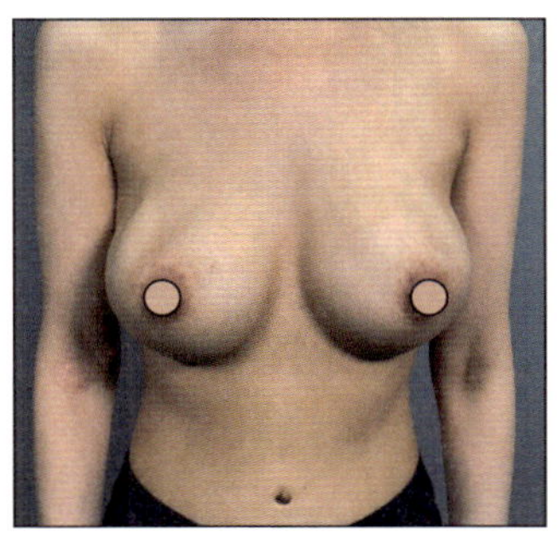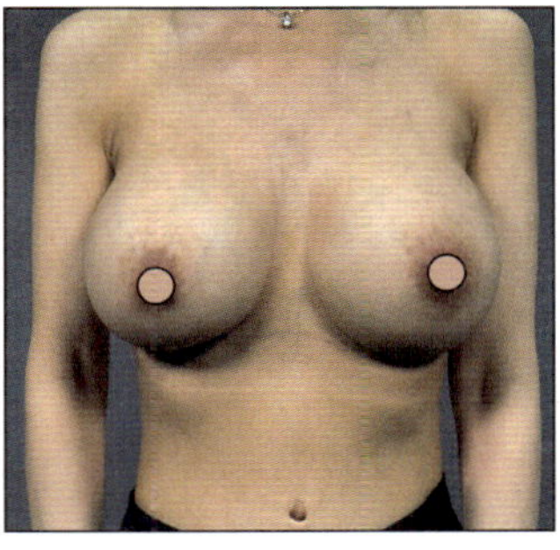

〈 리플링이 보이는 근막하평면법(좌)에서 이중평면법(우)로 전환한 케이스〉

〈 근막하, 이중평면 비교? 이 글 하나에 모두 정리해두었습니다. 〉

재수술에서는 이전 절개 부위를 다시 활용하거나, 또는 다른 절개부위로 위치를 바꾸는 것이 필요할 수 있습니다. 유앤유에서는 특정 절개법만 고집하거나 강요하지 않고 모든 절개법이 가능하므로 원칙적으로 첫수술과 동일한 절개법을 사용하지만, 환자 개별 상황과 선호도에 따라 재수술 성공률을 높이기 위한 다양한 절개법 활용이 가능합니다.

① 밑선 절개 (Inframammary fold, IMF) :

집도의 시야 확보, 지혈 및 수술 도구 조작성 및 접근성 우수, 구형구축 시 피막 완전제거 등 거의 모든 재수술 원인 교정에 유리합니다. 그렇기 때문에 세번 수술을 허락할 수 없는 대부분의 재수술 환자들이 선택을 하십니다.

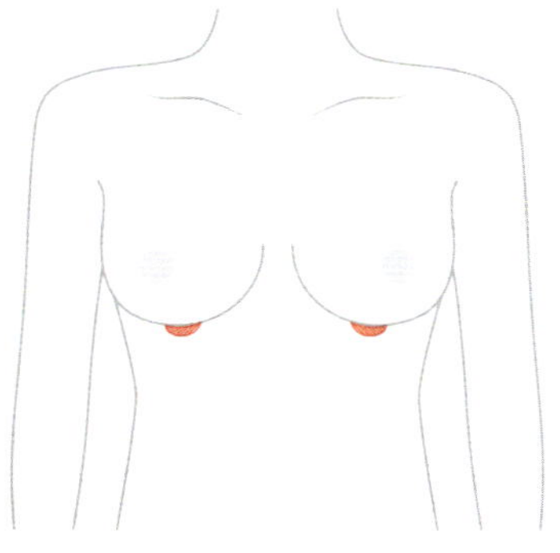

② 겨드랑이 절개 (Endoscopic Transaxillary) :

20년 전에는 가슴성형에 더해 보수적인 사회였기 때문에 가슴에 흉터가 없다는 장점으로 많이 선택되었습니다. 하지만, 현재는 여름이 점점 더워지고 SNS 등의 영향으로 노출을 선호하는 개방적인 사회이기 때문에 겨드랑이에 흉이 오히려 단점으로 여겨지고 있습

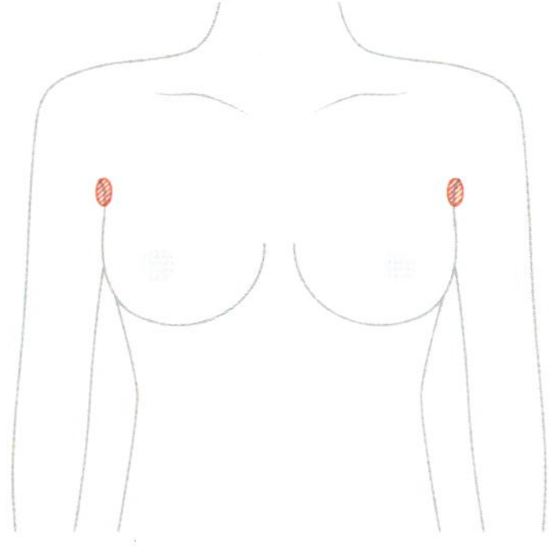

니다. 첫수술을 겨절로 했었고 단순 사이즈 교체나 피막 일부 제거만 필요한 경우 환자가 원한다면 시행할 수 있습니다. 이 경우 70인치 모니터를 사용한 Full HD 내시경 기반 정밀 박리 등 첫수술에 해당되는 유앤유의 최신 장비가 동원됩니다.

③ 유륜 절개 (Periareolar) :

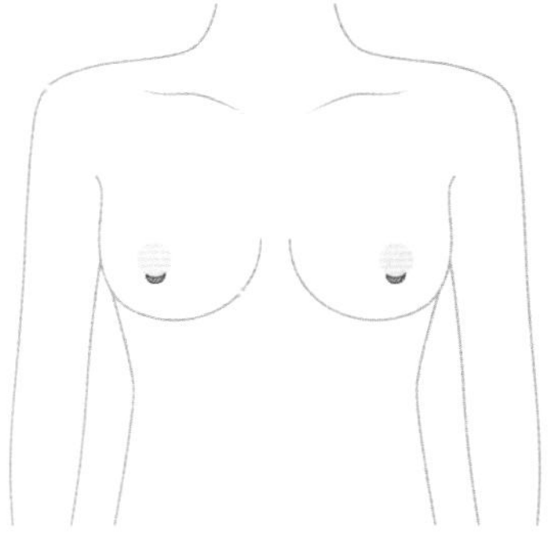

유륜절개는 다른 절개에 비해 구형구축의 확률이 높아지므로 현재 첫수술 방법으로는 거의 선택되지 않습니다. 재수술의 경우 첫수술을 유륜절개로 했었고 단순 사이즈 교체나 유륜 축소등이 필요할 경우 제한적으로 사용됩니다. 구형구축의 확률을 낮추려면 밑선절개로 보형물을 삽입하고 유륜만 따로 흉터교정술을 받는 경우도 있습니다.

이처럼 유앤유는 모든 절개법 + 모든 삽입평면을 다룰 수 있는 병원으로서, 환자의 해부학적 조건과 수술 이력에 따라 맞춤형 수술법을 추천 드릴 수 있습니다. 한가지 절개나 한가지 삽입평면만 고집한다면 상황에 맞는 방법을 추천해 드릴 수가 없습니다. 예를 들어 김치찌개 된장찌개, 부대찌개 등의 메뉴를 갖춘 식당에서는 고객의 상황과 입맛에 맞게 추천을 해 줄 수 있습니다. 하지만 김치찌개만 있는 식당에서 매운 것을 못 먹는 손님에게 우리 김치찌개가 최고라고 추천한다면 그건 강요인 것이지 추천이 아니라고 생각합니다. 그러므로 특정절개법으로 뭐든지 다할 수 있다는 주장은 한번쯤 다시 생각해 보시 는 게 좋습니다. 다양한 평면과 다양한 절개법을 구사할 수 있는 유앤유에서는 환자분의 상황과 재수술의 목적에 맞게 알맞은 절개와 삽입평면을 추천해 드리고 있습니다.

〈 가슴수술종류, 겨드랑이/밑선 절개? 장단점에 대하여 〉

〈 추가 흉터 없이 동일절개 가슴재수술 겨절/밑절/유륜 〉

〈아직도 겨절을 못하니까 밑절을 추천!? 이렇게 생각하시나요 〉

〈 가슴 확대수술을 할 때 나에게 맞는 절개 방법은? 〉

〈 피막 제거(Capsulectomy)의 중요성 〉

재수술에서 중요한 포인트 중의 하나는 '기존 피막의 상태'입니다.

① 피막(Capsule)이란 무엇이며, 꼭 제거해야 하는가?

가슴 보형물을 삽입하면 우리 몸은 보형물을 이물질로 인식하여 보형물 주위에 방어막을 치기 위해 섬유성 조직인 피막(캡슐)을 형성합니다. 이 피막이 정상적으로 형성된다면 자연스러운 반응이지만, 시간이 지나면서 두꺼워지거나 수축하면 구형구축을 유발할 수 있습니다. 구형구축은 가슴이 단단해지고 모양이 변형되며 통증을 동반할 수 있는 상태로, 재수술이 필요한 주요 원인 중 하나입니다.

피막이 두꺼워지면 가슴의 촉감이 단단해 지고, 모양이 비대칭적으로 변형될 수 있습니다. 이러한 경우, 단순히 보형물만 교체하는 것으로는 문제를 해결할 수 없으며, 문제되는 부분의 피막을 제거해야 합니다. 원인이 되는 피막을 제거하지 않으면 새로운 보형물도 동일한 문제를 반복할 수 있기 때문입니다.

하지만 문제의 원인이 되지 않는 피막까지 제거하는 것은 추천드리지 않습니다. 예를 들어, 현재의 피막이 90점 짜리 피막이라 친다면 이것을 제거한 후 새로 생기는 피막이 90점 이상이 되리라는 보장이 없기 때문입니다. 50점 짜리가 될 가능성도 있습니다. 정상적인 피막을 완전제거하는 것은 어떤 면에서는 과잉진료가 될 수도 있다는 뜻이므로 문제되는 부위만 제거하는 것이 맞습니다. 그 문제되는 부위의 피막을 정확히 판단하여 제거하는 것이 바로 재수술 성공의 핵심입니다.

② 피막 제거 수술의 절개 부위 선택

피막 제거 수술은 섬세한 기술이 필요하기 때문에 절개 부위 선택이 중요합니다. 일반적으로 시야확보가 가장 좋고 안전성이 뛰어난 밑선 절개를 통해 수술이 이루어지지만, 유륜절개나 겨드랑이 절개를 선택하는 경우도 있습니다. 유륜절개는 시야확보가 좋아서 피막전체제거술을 하기에도 아주 쉽지만 구형구축 확률이 좀더 높다는 단점이 있습니다. 겨드랑이 절개는 흉터가 눈에 띄지 않는 장점이 있지만, 수술 부위의 시야 확보가 어려워 뒤쪽 피막까지 완전제거 하려면 섬세한 기술과 노력이 필요합니다. 얻는 것보다 잃는 것이 많기 때문에 앞쪽 피막, 뒤쪽 피막을 모두 제거하는 피막완전제거술을 하기에는 부적절한 방법으로 생각되며, 완전제거술을 시도하더라도 대부분 앞쪽 피막만 제거하는데 그치고 마는 경우가 많습니다.

③ 피막 제거의 중요성과 병원 선택 시 고려사항

재수술은 단순히 보형물을 교체하는 것이 아니라 그것을 둘러싸고 있는 피막의 환경을 바꿔줘야 하기 때문에 피막 제거는 가슴 재수술의 성공을 좌우하는 중요한 요소입니다. 따라서 재수술을 고려하는 환자는 병원이 피막 제거 수술에 대한 풍부한 경험과 전문성을 보유하고 있는지 확인해야 합니다. 유앤유의 원칙은 수술 전 해부학적 분석, 정밀 초음파를 통한 피막 두께 측정, 정확한 평면 선택, 절개 방식까지 통합적으로 설계하는 것입니다. 또한 수술 직후에 회복실에서 제거된 피막을 환자분에게 정확히 확인시켜드리고 있습니다. 완전제거술을 하게 되면 앞뒤앞뒤 4장의 피막을 보여드릴 수 있어야 정확히 완전제거술이 시행된 것입니다. 2장의 피막만 있다면 일부제거술에 그친 경우로 대부분 겨드랑이절개법으로 시도하다가 앞쪽 피막 제거에 그친 경우가 많습니다.

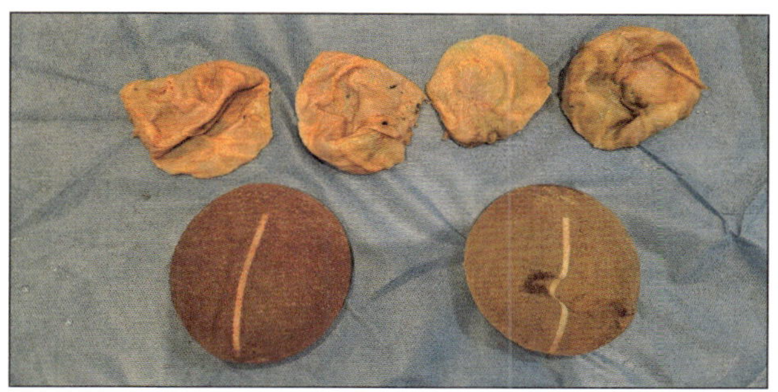

〈 완벽히 제거된 앞뒤앞뒤 4장의 피막사진〉

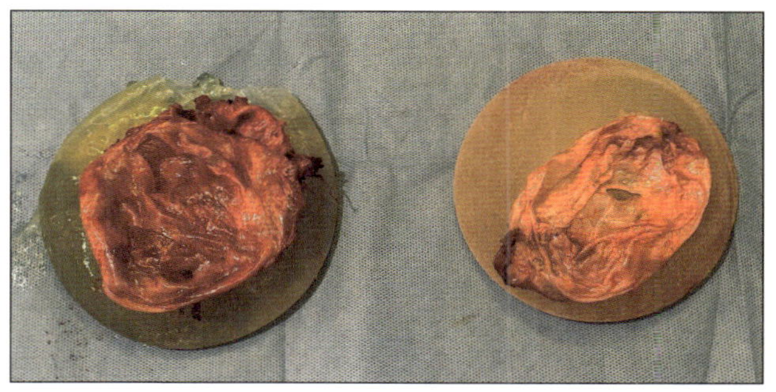

〈 완전제거에 실패한 2장의 앞쪽 피막사진 〉

〈 피막제거, 가슴 재수술할 때 꼭 해야 되나? 〉

〈가슴성형자 수술할 때 피막제거술? 완전? 부분? 〉

〈 가슴 재수술 최고 난이도 케이스 –
앙블락 (En Bloc)으로 이중 피막전체제거술! 〉

유앤유는 2024년 모티바 사용량 1위 병원답게 많은 재수술 경험을 바탕
으로 피막 제거 등 고난이도 재수술의 성공을 위해 노력하고 있습니다.

다음 챕터에서 유앤유의 수술 시스템에 대해 자세히 설명해 드리도록 하
겠습니다.

03 유앤유성형외과의 수술 시스템 소개

유앤유성형외과는 단순히 수술을 잘하는 병원이 아닙니다. 환자의 경험 전체, 즉 '처음 병원에 들어오는 순간부터, 회복 이후까지'를 가슴성형을 위한 하나의 시스템으로 관리합니다. 이 챕터에서는 유앤유가 어떻게 가슴성형수술 환자의 마음과 몸을 함께 치유해 드리는지 그 '전 과정'을 소개합니다. 유앤유는 단순히 수술을 잘하는 병원이 아닌, "환자의 고민을 끝까지 들어주는 병원"이라는 철학 아래 시스템을 운영하고 있습니다. 이런 전 과정을 일원화하여 어느 직원이 응대하는 상황이 생기더라도 '하나의 팀이 예쁜 가슴을 책임지는 진료'를 운영합니다.

다음의 6가지 과정을 거쳐 수술을 성공시키는데 최선을 다하고 있습니다.

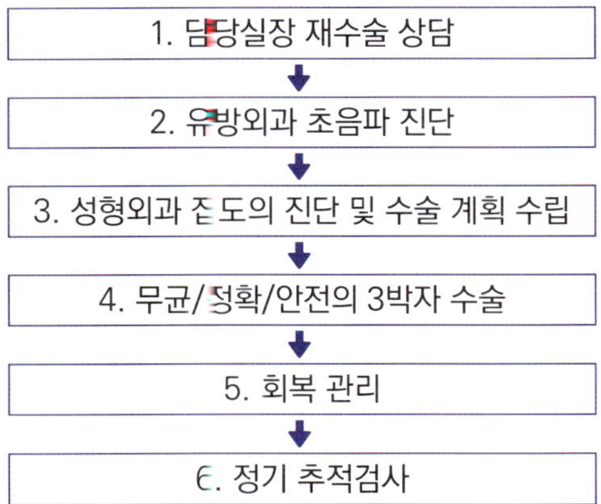

① 담당실장 재수술 상담 – 문제 파악의 시작

내원한 순간부터 상담 전용 차트를 기반으로 지금의 불편함과 이전 수술의 과정을 자세히 기록합니다. 단순히 "어디가 불편하세요?"가 아닌, '왜' 불편한지, 첫수술에서 기대했던 점과 아쉬운 점, 현재 삶에 미치는 영향까지 묻습니다. 과거의 사진과 현재의 상태를 비교하고, 환자의 말 속에서 감정과 구조적 문제를 동시에 찾아냅니다. 초진 시 사용하는 전용 상담차트에는 육안 소견, 촉진결과, 환자의 감정표현까지 함께 기록됩니다. 이를 의료진에게 전달하여 내 이야기를 듣고, 내 몸에 맞춘 수술을 계획해주는 병원으로서의 역할을 시작합니다.

② 진단 – 초음파 기반 4단계 분석

유앤유에서는 재수술 상담 전 환자에게 유방외과 전문의 정밀 초음파 검사를 시행합니다. 성형외과 전문의가 단순 초음파로 피막 및 기존 보형물 상태만 파악하는 것으로는 재수술의 성공적인 계획을 짜기에는 부족하기 때문입니다.

정밀 초음파 검사를 통해 아래 4가지를 확인합니다:

- 피막 상태(구축, 유착, 비대칭 등) 및 두께 측정 (0.01 Cm단위)
- 기존 보형물 삽입위치와 파열 여부
- 조직 두께 및 근막/근육의 상태
- 동반된 유방질환 유무 (양성종양, 악성종양, 석회화 등)

+ 필요시 CD30 검사, 자가면역 지표, 감염 위험을 함께 체크합니다.

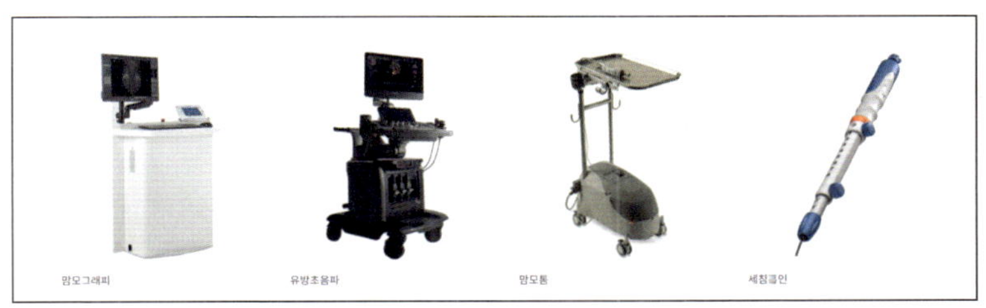

③ 성형외과 집도의 진단 및 수술 계획 수립

유앤유의 진단 및 수술 계획 수립은 담당 실장이 파악한 환자분의 사전 정보와 유방외과 초음파에서 진단된 의학적 문제점을 바탕으로 한 '환자 맞춤 해석'입니다. 무엇보다 중요한 건, 환자분 자신의 "나"를 기준으로 하는 수술입니다. 왜냐하면, 재수술의 목적이 사람마다 다르기 때문입니다. 단순히 사이즈 불만적인 경우에서부터 촉감이 우선순위이거나 가슴골 등의 모양이 우선순위인 경우 등 자신의 재수술 결심 동기를 파악해야 합니다.

그래서, 유앤유에서는 모든 재수술 수술계획이 내 몸, 내 느낌, 내 라이프 스타일에 맞춰 세워집니다. 어떤 절개 방법이 나에게 적합할지, 어떤 평면에 삽입해야 불편함이 줄어들지 설명해 줍니다. 내 체형에 맞는 보형물 종류와 크기, 그리고 나에게 필요한 추가 처치(피막 제거, 즈직 보강 등)를 계획해 줍니다. 병원의 수익을 위해 필요하지 않은 지방이식이나 피막완전제거를 권유하지 않습니다. 의료진의 편의를 위한 수술이 아닌, 환자의 불편을 해결하고 다시 자신감을 되찾을 수 있는 방향으로 계획이 수립됩니다.

마지막으로, 유앤유의 수술계획은 "일단 열어보고 결정하는 수술"이 아니라, 수술 전에 이미 발생할 수 있는 몇 개의 경우의 수를 설명하고 각각의 상황에서의 장단점을 제시하여 납득할 수 있는 설명이 충분히 제공된 상태에서 환자와의 충분한 상담을 통해 결정됩니다.

④ 수술실 시스템 – 무균/정확/안전의 3박자

- **무균 수술실:** 에어샤워, HEPA 필터, 무풍에어컨, 외부 공기 차단, 감염률 최소화
- **70인치 Full HD Stryker 내시경 장비:** 혈관, 신경, 박리 범위 정확하게 확보
- **켈러펀넬 + 드라이 포켓 수술:** 보형물 삽입 시 접촉 최소화로 감염률 억제

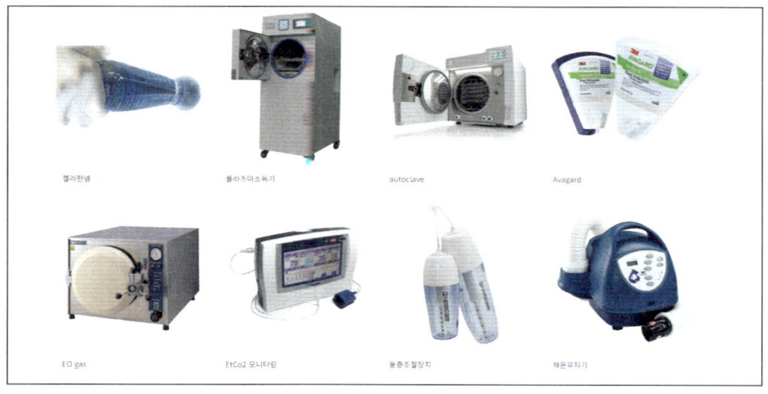

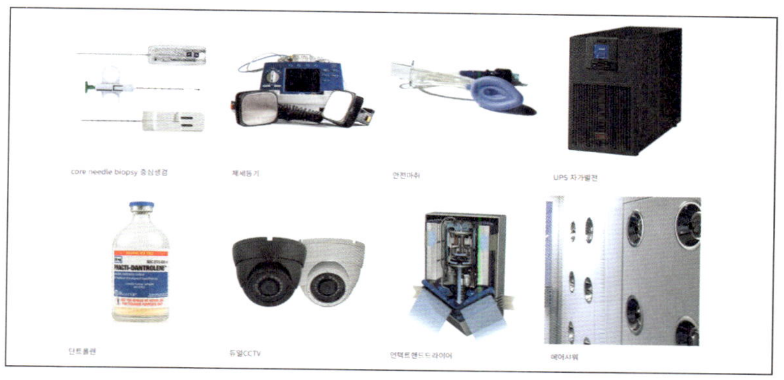

• **마취과 전문의 상주:** 전신마취 환자의 안전 확보

- 요즘은 환자분들이 꼼꼼해지셔서 병원의 안전성 판단시에 마취과 상주 여부를 체크하시는 환자분들이 계십니다. 원래 상주하다라는 말의 뜻은 "항상 살고 있다."라는 뜻이기에 사실은 마취과 상근이라는 표현이 정확하다고 하겠습니다. 어쨌든 마취과 상주와 상대되는 개념인 프리랜서로 일하시는 마취과 원장님들은 한 케이스 마취하시고 다음 병원으로 가셔서 또 한 케이스하시는 형태입니다. 아무래도 수술 전 환자 파악과 수술 후 돌발상황에 대한 대처가 좀 늦어질 수도 있습니다. 유앤유에서는 혈액검사, 심전도, 방사선과, 유방외과 등 모든 검사가 유앤유 내부에서 이루어지기 때문에 마취과 원장님들은 즉시 검사결과를 확인하시고 수술 전후에 필요한 조치들을 취해 두실 수 있습니다.

- 안전한 마취 관련 또 한가지 중요한 사항은 성형외과 원장님과 마취과 원장님의 비율입니다. 근무 조건은 따라 유동적이지만 2025년 현재 유앤유 성형외과 성형외과 원장님은 3명이고 마취과 원장님도 3명이십니다. 만약 성형외과 3명, 마취과 1명인 경우가 있다면 또는 성형외과 4명, 마취과 2명이 있다면 어떤 상황이 더 안전한 마취가 가능할

지 생각해 보면 상식적으로 1대1 마취가 가능한 상황일 것입니다. 대신 당연히 비용이 더 많이 들겠지만 유앤유는 환자의 안전이 소요비용보다 훨씬 더 중요하다고 생각합니다. 또한 옆 수술실에서 안면윤곽수술이나 안면거상술을 시행하고 있다면 마취과 원장님의 집중력은 분산될 수 밖에 없습니다. 유앤유 성형외는 안면부 수술은 진행하지 않고 가슴성형에만 집중하는 병원입니다.

⑤ 수술 후 회복 관리

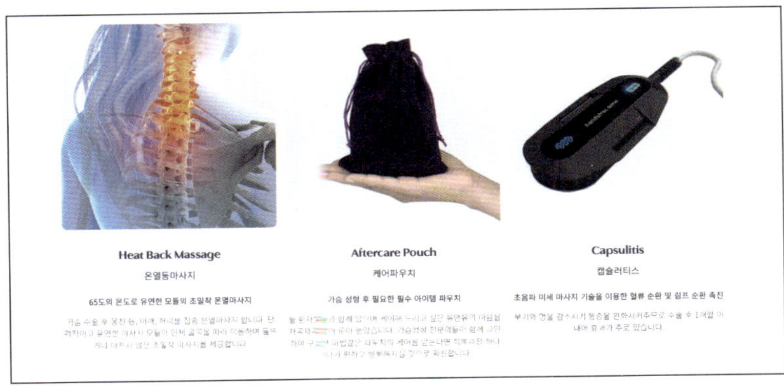

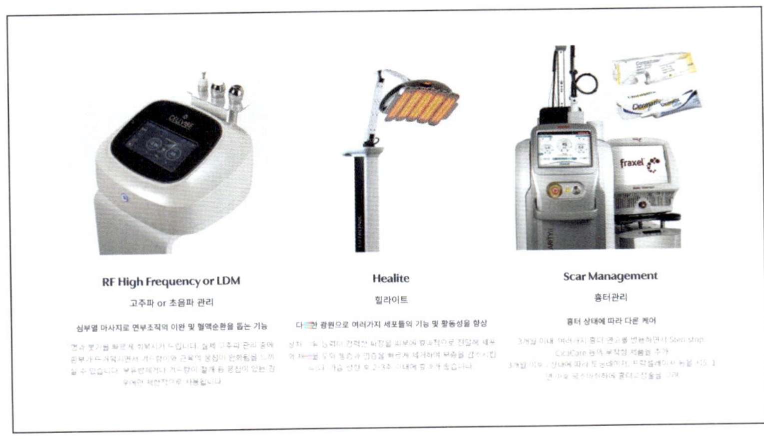

- **수술 1,3 주차** : 물리치료, 필라테스 회복 촉진 안내 (일상생활, 운동, 팔 사용 등)
- **수술 1,3 주차** : 브라 디자이너의 피팅서비스 (단계별 브라 착용 시점 및 방법교육, 브랜드 추천 등)
- **수술 3개월차** : 유방외과 초음파로 피막 상태, 출혈, 장액 고임 여부를 진단하여 단기 합병증이 없음을 확인

⑥ 정기 추적검사

- 필요시 3개월, 1년후 정기적으로 추적 초음파 제공
- 매년 정기적으로 유방암 검진, 보형물 검진 검사를 추천
- 절개부위에 상관없이 모든 삽입 방식에 따른 추적검사 가능
- 보형물 회사에 따른 보증 정책: 모티바, 멘토, 세빈 등
- 모든 수술 CCTV 기록은 영상으로 보관하여 추적 가능

(핸드폰으로 추가비용 받고 촬영해주거나 미리 신청한 사람만 CCTV 녹화를 해두는 형식은 그 환자만 특별히 신경써준다는 의미일 수도 있지만, 유앤유성형외과는 모든 수술 환자의 수술 장면을 2대의 CCTV로 이중으로 녹화를 해둡니다. 이는 모든 수술을 표준화하여 차별없이 떳떳이 공개할 수 있다는 유앤유성형외과의 정직한 자신감입니다.)

의학적 부작용에 의한 재수술

본론

이 책은 가슴성형 재수술을 두려움 없이 준비할 수 있도록 환자의 심리적, 의학적, 실질적 문제를 모두 고려한 재수술 안내서입니다. 본론은 크게 두 가지 축을 중심으로 구성됩니다. 첫 번째는 **의학적 부작용**으로 인해 재수술이 필요한 경우입니다. 대표적으로 구형구축, 보형물 파열, 감염, 장액종, 피고임, BII, BIA-ALCL 등 7가지로 분류했으며, 각 항목은 증상부터 진단, 수술적 해결법까지 상세히 다룹니다. 두 번째는 **심미적 불만족**으로 인해 재수술을 고려하는 경우입니다. 밑빠짐, 옆빠짐, 유방합체증, 윗볼록, 애니메이션 변형, 리플링, 비대칭 등 7가지로 나누었으며, 환자가 느끼는 외형상의 문제를 어떻게 진단하고 수술적으로 해결할 수 있는지를 단계별로 안내합니다.

이와 같은 구성은 환자뿐 아니라 의료인을 위한 교육자료로도 유용하며, 진료실에서 환자 상담 시 의사소통 도구로도 활용될 수 있습니다.

또한 유앤유에서 실제로 시행된 초음파 사진, 보형물 위치 변화 이미지, 내시경 수술 영상 스크립트 등 실제 임상 현장의 데이터를 바탕으로 내용을 구성했기에, 단순한 이론서가 아닌 실전 지침서로서의 가치도 지닙니다.

  궁극적으로 이 책의 목적은 '두려움을 줄이는 것'이 아닌, '명확한 정보로 스스로를 설득하는 힘'을 드리는 데 있습니다.

  이제 각 항목별 본문을 통해, 독자 여러분의 궁금증과 불안을 하나씩 해결해드리겠습니다. **먼저, 의학적 부작용**으로 인해 재수술이 필요한 7가지 경우입니다.

01 구형구축
(Capsular Contracture)
- 가슴이 딱딱해지고 아프다면?

✎ 구형구축이란?

　가슴수술을 받은 후 시간이 지나면서 가슴이 점점 단단해지고, 만졌을 때 예전보다 딱딱한 느낌이 들며, 심지어 통증이나 모양의 이상까지 느껴진다면 많은 환자들이 가장 먼저 떠올리는 것이 바로 '구형구축'입니다. 이 단어는 심각하고 무섭게 들릴 수 있지만, 요즘은 많은 환자들이 걱정하는 것처럼 흔히 나타나는 증상은 아닙니다. 단지 예전에 잘못된 방식으로 수술받은 환자분들이 구형구축이 생겨서, 요즘 재수술을 받는 후기들을 흔히 접할 수 있으므로 발생률이 높다고 오해할 수 있습니다. 하지만 이제는 연구에 의해 출혈, 감염 등 구형구축의 원인들이 하나둘씩 밝혀지고 있고, 모티바 보형물 등장 이후 구형구축의 확률은 현저히 낮아졌으니 예전처럼 걱정하지 않으셔도 됩니다.

구형구축이란, 가슴 보형물을 감싸고 있는 얇은 섬유성 피막이 점점 두꺼워지고 수축하면서, 보형물을 조이듯이 압박해 가슴이 단단해지고 모양이 변형되는 현상을 말합니다. 이 모양이 공모양(구형:球形)으로 변하게 되면서 마치 속에서 무언가 점점 조여오는 듯한 느낌이 들고, 만졌을 때 예전과 다른 탄력이나 통증, 심지어 가슴이 올라 붙은 것처럼 위치가 바뀐 인상을 줄 수도 있습니다.

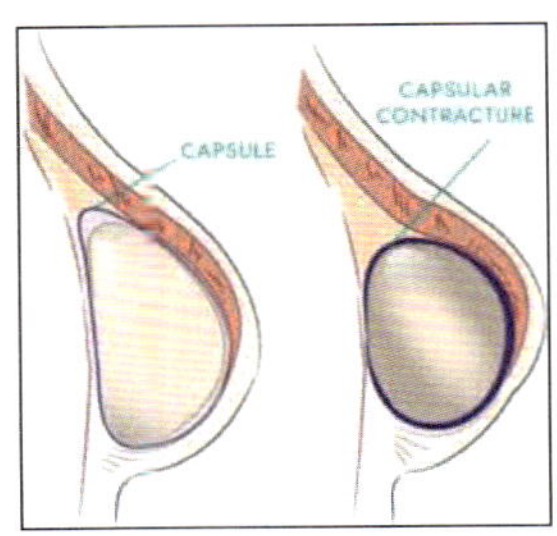

〈 좌: 정상ㅍ막, 우: 공모양(구형) 피막 〉

많은 환자들이 구형구축을 가장 큰 두려움으로 꼽는 이유는, 그 증상이 불편할 뿐 아니라 수술을 다시 받아야 할 수도 있다는 부담감 때문입니다. 하지만 의료기술의 발전과 함께, 예전처럼 구축을 '운이 나쁘면 생기는 합병증'으로만 받아들일 필요는 없습니다.

오늘날 구형구축의 원인은 점점 더 구체적으로 밝혀지고 있습니다. 단순히 '체질'의 문제가 아니라, 수술 중 세균의 미세한 침투, 출혈이나 장액 고임, 보형물 표면의 특성, 그리고 수술 후 미세한 염증 반응의 반복이 복합적으로 작용해 생겨나는 결과입니다. 다시 말해, **예방할 수 있고, 조기에 발견하면 충분히 교정도 가능한** 문제라는 뜻입니다.

특히 최근에는 마찰력이 낮고 생체친화적인 보형물의 등장으로 구형구축 발생률 자체가 현저히 낮아졌습니다. 모티바(Motiva) 보형물이 대표적인 예로, 실제 임상에서도 기존 보형물에 비해 구축 빈드가 줄었다는 보고가 이어지고 있습니다.

그럼에도 불구하고 가슴이 불편하게 느껴질 때, "내가 혹시 구형구축이 아닐까?" 하는 불안감은 누구에게나 생길 수 있습니다. 가슴이 예전보다 위로 들린 것처럼 보이거나, 눌렀을 때 말랑하지 않고 단단하며, 만졌을 때 통증을 느낄 정도라면 전문적인 진단을 받아보는 것이 좋습니다. 특히 한쪽만 점점 아프거나 불편해진다면 더욱 그렇습니다.

의학적으로는 '베이커 분류(Baker's Classification)'라는 기준을 사용해 구형구축의 정도를 판단합니다. 이 기준은 촉감이나 모양의 변형 여부, 통증 유무 등을 기준으로 1단계부터 4단계까지 나누는데, 1~2 단계 정도는 추적관찰해도 무방하지만, 3, 4단계에서는 재스술이 필요할 수 있습니다.

하지만 이 진단은 아주 주관적인 기준이라는 점에서 늘 조심스럽습니다. 사람마다 느끼는 단단함의 기준이 다르고, 불편하다는 감각도 각자 다르기 때문입니다. 그래서 요즘은 초음파를 함께 활용합니다. 유앤유에서는 유방외과 전문의가 정밀 초음파로 보형물 주변의 피막 두께, 조직의 유착 상태, 액체 고임 여부 등을 시각적으로 확인할 수 있어 훨씬 정밀한 진단이 가능합니다.

구형구축으로 진단되었다고 해서 무조건 보형물을 빼거나 큰 수술을 해

야 하는 것은 아닙니다. 유앤유에서는 수술 전 반드시 유방외과 정밀초음
파를 통해 피막의 두께와 염증 반응의 정도를 면밀히 평가한 후, 필요한 부
분만 제거하거나 보형물 교체 여부를 결정합니다.

수술적 치료가 필요할 경우에는 전체 피막을 제거하는 Total Capsul-
ectomy를 시행하기도 하지만, 꼭 전체를 제거하지 않아도 되는 경우가 훨
씬 많습니다. 환자의 조직 상태와 피막의 반응, 그리고 기존 수술에서의 박
리 범위 등을 종합적으로 고려해 '부분 제거'만으로도 충분한 경우도 있습
니다. "부분제거만 하면 남은 피막이 문제가 되지 않을까?" 걱정 하실 수도
있지만 실제 유앤유의 피막제거술을 90% 정도가 부분제거술로 진행하고
있으며 남은 피막이 문제가 될 가능성이 있는 경우에만 전체피막 제거술을
시행합니다.

보형물 교체 시에는 마찰을 줄이고 염증 가능성을 낮추기 위해 마이크로
텍스쳐 타입의 보형물을 선호합니다. 실제로 모티바의 SmoothSilk 보형
물은 기존의 매끈한 스무스 타입보다 피막 반응이 현저히 적어, 구형구축
재수술 환자에게 특히 적합하다고 평가받고 있습니다.

또한, 재수술 과정에서는 피막을 제거한 후 새로운 공간을 '드라이 포켓
(dry pocket)' 방식으로 다시 형성해줍니다. 이는 출혈 없이, 염증 없이,
깨끗한 공간을 만들기 위한 전략으로, 보형물이 재삽입되더라도 구축이 반
복될 가능성을 최대한 줄이기 위한 중요한 과정입니다. 절개 부위는 겨드
랑이나 밑선을 선택할 수 있으며, 내시경을 활용해 박리 범위를 정밀하게
조절하기도 합니다.

재수술 후에도 관리가 중요합니다. 항생제나 소염제를 복용하며 초기 염증을 잡아주는 것, 보정 속옷을 통해 보형물의 움직임을 최소화하는 것, 그리고 지나친 마사지를 피하는 것이 핵심입니다. 좌우의 차이를 지속적으로 모니터링하고, 1주, 3주, 3개월, 1년 단위로 병원에서 경과를 체크하는 것이 필요합니다.

환자들이 가장 많이 묻는 질문 중 하나는 "한쪽만 구축인데 양쪽을 다 수술해야 하나요?"입니다. 이 질문에 대한 답은, '그럴 가능성이 높다'입니다. 피막이라는 조직은 보형물 전체를 감싸고 있기 때문에 한쪽에 염증 반응이 있었다면 반대쪽도 미세하게 영향을 받았을 수 있습니다. 눈에 띄게 증상이 없는 경우라도, 장기적으로 보면 양측의 균형을 위해 함께 수술하는 것이 유리한 경우가 많습니다.

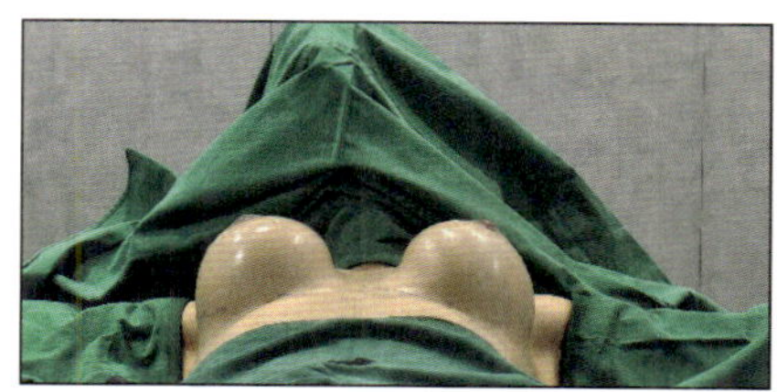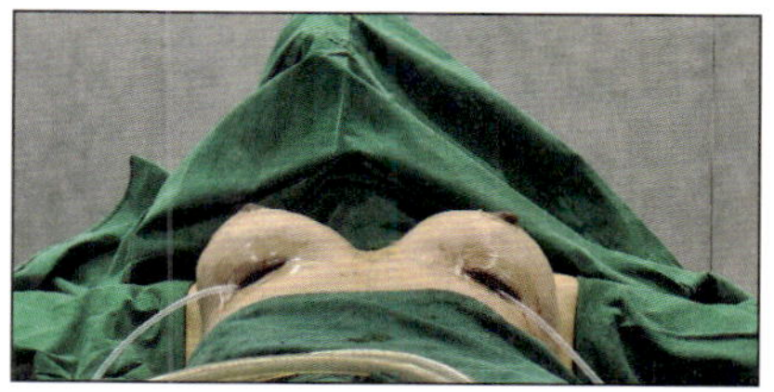

〈 양쪽 모두 수술한 구형구축 3단계 케이스, 수술 직전(좌), 수술 직후(우) 〉

또 어떤 분은 "보형물을 제거만 하고 다시 넣지 않아도 되나요?"라고 물으시기도 합니다. 이 역시 가능합니다. 하지만 그로 인해 가슴이 꺼지거나 상실감이 커지기 때문에 과연 그것을 감당할 만큼 보형물로 인해 불편감을 느끼는 지 신중하게 상담을 받아보시는 것이 좋습니다.

마지막으로 자주 오해되는 것 중 하나는 "피막은 무조건 다 제거해야 한다"는 생각입니다. 하지만 실제 수술에서는 꼭 그렇지 않습니다. 피막의 상태가 양호하거나, 주변 조직과의 유착이 너무 심한 경우에는 오히려 완전 제거가 비용도 많이 들 뿐 아니라, 길어진 수술시간으로 인한 출혈과 더 큰 합병증을 유발할 수 있기 때문에, 정확한 분석을 통해 필요한 부분만 안전하게 제거하는 것이 훨씬 효과적이고 안전한 접근입니다.

구형구축은 미리 겁내야 할 증상이 아닙니다. 오늘날에는 진단도, 수술도, 관리도 모두 발전해 있고, 특히 보형물의 재질이나 수술법에 따라 충분히 예방도 가능해졌습니다. 중요한 것은 불편을 느꼈을 때 재수술 병원을 찾아 정확한 진단을 받는 것, 그리고 유방외과, 성형외과 전문의와 함께 그에 맞는 치료 계획을 세우는 것입니다. 환자분들의 몸은 다 다르고, 느끼는 감각도 모두 다릅니다. 구형구축 역시 그렇습니다. 겉으로 보이는 것보다 **본인이 느끼는 변화**를 가장 소중하게 여기고, 그것을 기반으로 치료 방향을 함께 고민하는 것이 무엇보다 중요합니다.

✑ 환자용 자가 진단 체크리스트 요약

- ✓ 가슴이 예전보다 위로 들린 느낌
- ✓ 눌렀을 때 탄력이 없고 딱딱한 느낌
- ✓ 보형물 테두리가 만져질 정도로 불균형
- ✓ 통증이나 당기는 느낌이 지속됨
- → 2가지 이상 해당 시 전문 진료 권장

〈 모티바 부작용, 구형구축? 논문으로 직접 보여드리겠습니다. 〉

〈 가슴수술구형구축, 실제 논문으로 보는 재수술 후기 〉

〈 가슴구형구축? 80%가 모르는 잠재 원인 1가지 〉

〈구형구축, 염증 적은 보형물이 이거라고?!〉

〈 가슴성형 후 벌어지는 최악의 부작용?! 구형구축 막는 법 알려드립니다! 〉

02 보형물 파열
(Implant Rupture)
- 가슴이 갑자기 작아지거나 모양이 바뀌었다면?

가슴이 갑자기 작아지거나 모양이 변했다면: 보형물 파열을 의심해보세요

거울 앞에 섰을 때 예전과는 다른 모습의 가슴을 마주하게 된다면, 누구나 불안할 수밖에 없습니다. 유독 한쪽이 작아 보인다든지, 모양이 퍼지거나 울퉁불퉁하게 변한 느낌이 들거나, 촉감이 예전처럼 탱탱하지 않고 흐물흐물 느껴진다면, 가장 먼저 의심해볼 수 있는 가능성이 바로 보형물 파열입니다.

'파열'이라는 말 자체가 주는 불안감은 매우 크지만, 실제로는 생각보다 쉽게 해결되는 상황입니다. 특히 최근에는 유방암 정기 검진을 받는 환자가 많아져, 뚜렷한 증상이 없었음에도 초음파나 MRI에서 파열 의심 소견을 받아 내원하는 경우가 점점 늘고 있습니다. 다시 말해, 환자가 자각하지

못하는 '조용한 파열'(silent rupture) 도 꽤 많다는 뜻입니다.

보형물 파열은 보형물의 껍질이 손상되어 내용물이 유출되거나 구조적으로 변형된 상태를 의미합니다. 코히시브(Cohesive : 응집력 있는)젤 실리콘 보형물의 경우 파열되더라도 외부로 실리콘이 쉽게 퍼지지 않아 환자가 즉시 자각하기 어려울 수 있습니다. 곰인형 젤리(Gummy Bear)처럼 파열이 되어도 실리콘이 제자리에 머물러 있는 경우가 많습니다. 그래서 외형상 큰 변화가 없거나, 느껴지는 증상도 미세할 수 있습니다. 하지만 파열이 진행되어 피막이 두꺼워지고 보형물 내부의 형태가 변형되면 가슴 모양이 달라지고, 촉감도 예전과 달라지는 등 육안이나 촉진으로 확인 가능한 변화가 생기게 됩니다.

보형물이 파열되는 원인은 다양합니다. 수술 중 보형물을 삽입하거나 박리할 때의 물리적 손상, 보형물의 마모, 시간이 지나면서 생기는 피로 파열(fatigue rupture), 교통사고나 낙상 같은 외부 충격도 원인이 될 수 있습니다. 드물지만 보형물이 너무 타이트한 공간에 들어가 있을 때에도 파열위험이 올라갑니다. 생리식염수 보형물은 파열 시 풍선의 바람이 빠지듯 급격히 작아지므로 진단이 어렵지 않습니다만 실리콘 보형물은 다른 증상

을 호소하시는 분들도 많습니다.

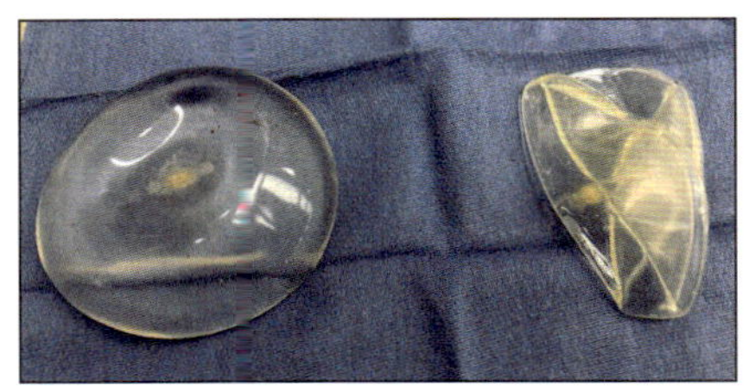

〈식염수 보형물 파열은 갑자기 볼륨이 없어집니다.〉

실제로 진료실에서 "가슴이 갑자기 작아진 것 같아요", "눌렀을 때 물컹하고 형태가 퍼지는 느낌이 들어요"라고 말씀하시는 분들이 종종 있습니다. 또 어떤 분은 "예전보다 유두 위치가 다르게 보여요", "왼쪽만 이상하게 단단하게 느껴져요"라고 호소하기도 합니다. 이러한 증상들은 보형물 파열의 가능성을 시사하는 신호일 수 있습니다.

하지만 중요한 것은 '느낌'만으로는 진단이 어렵다는 점입니다. 그렇기에 유앤유에서는 정밀 초음파 검사와 임상 경험을 바탕으로 좀 더 명확하게 파열 여부를 확인합니다. 특히 조용한 파열의 경우, 증상이 거의 없기 때문에 영상 진단이 핵심입니다.

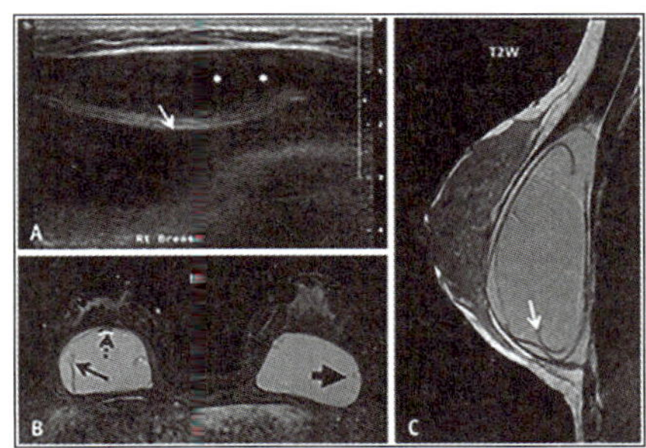

〈 보형물이 파열되어 껍질이 젤 안쪽에서 관찰되는 상황, A:초음파, BC:MRI〉

실제로 정기 건강검진을 받다고 파열이 의심되어 유앤유로 방문하시는 분들이 대다수 입니다.　만약 파열이 확인되었다면, 단순히 "아프지 않으니까 놔둬도 되지 않을까?"라는 생각은 위험할 수 있습니다. 파열된 보형물은 시간이 지남에 따라 피막 반응을 유발하거나 염증, 구형구축, 드물게는 림프절 전이까지 이어질 수 있습니다. 그래서 증상이 없더라도 파열이 확인되면 제거 및 교체를 고려하는 것이 안전한 선택입니다.

수술은 일반적으로 파열된 보형물만 제거하는 경우가 대부분이지만 가끔은 피막의 상태에 따라 전체 또는 일부 피막을 함께 제거합니다. 내용물이 강한 구형구축을 유발하고 있는 경우에는 Total capsulectomy를 통해 깨끗이 제거하고, 새로운 공간을 만들어 보형물을 다시 삽입하게 됩니다. 림프절 전이까지 있는 경우 해당 림프절도 절제해내야 심리적으로 안정이 됩니다.

보형물 파열 수술을 하게 될 경우, 꼭 새로운 보형물을 다시 넣어야 하는 것은 아닙니다. 원하는 경우, 보형물 제거 후 재삽입 없이 수술을 마무리할 수도 있습니다. 하지만 보형물이 빠진 자리는 빈 공간으로 남기 때문에, 피부가 쪼그라들거나 유방이 함몰된 듯한 느낌이 들 수 있습니다. 이로 인해 여성으로서의 상실감이나 심미적 불만이 생길 수 있으므로, 충분한 상담을 통해 결정하는 것이 좋습니다.

무엇보다 중요한 것은 정기적인 검진입니다. 수술 후 1~2년 주기로 초음파를 받고, 2년에 한 번 정도는 MRI를 통해 보형물 상태를 점검하는 것이 파열을 조기에 발견하는 가장 확실한 방법입니다. 특히 아무런 증상이 없어도 유방암 정기 검진은 꼭 필요합니다.

또한 일상생활에서도 보형물에 지나치게 강한 압력이 가해지지 않도록 주의해야 합니다. 격한 외부 충격(교통사고, 낙상 등)을 주의하고 과도한 마사지, 무리한 찜질기 사용, 갑박이 심한 운동은 피하는 것이 좋습니다. 수술 후 받은 보형물 등록카드 사이즈, 제조사 정보 등은 반드시 보관해두어야, 추후 문제가 생겼을 때 빠르게 대처할 수 있습니다.

결국 보형물 파열은 겁낼 일관은 아닙니다. 다만, 무시해서는 안 되는 신호입니다. 조기에 진단하고, 그에 맞는 치료와 전략을 세우면 충분히 좋은 결과를 기대할 수 있습니다. 가슴의 모양이 변했거나, 감촉이 달라졌다는 느낌이 든다면, 병원을 찾아 정확한 검사를 받아보는 것부터 시작해보세요. 몸이 보내는 작은 변화의 신호는, 언제나 가장 정확한 진단의 출발점입니다.

📌 환자용 자가 진단 체크 카드

✓ 가슴 크기가 갑자기 달라졌다

✓ 눌렀을 때 물렁하거나 단단한 변화

✓ 유두 위치가 비대칭처럼 느껴진다

✓ 촉감이 이전과 확연히 다르다

✓ 누웠을 때 모양이 이상하게 퍼진다

→ 2개 이상 해당 시: 초음파 검진 권장

📌 보형물 파열 유형별 구조 변화 비교

유형	외형 변화	내용물 유출	주요 특징
정상	자연스러움	없음	탄력 유지, 대칭성 유지
외피 파열	모양 유지됨	미세누출	Silent rupture 가능성 높음
실리콘 유출	비정상적인 퍼짐	있음	촉감 변화, 비대칭
생리식염수 파열	갑작스런 작아짐	즉시 흡수	한쪽만 꺼진 듯함

〈 가슴보형물파열 빈도, 모티바 / 세빈 논문을 통해 짚어보겠습니다. 〉

〈 가슴보형물파열증상? 작년에 3000건 넘게 보형물 성형한 곳에서 알려드리겠습니다. 〉

03 감염/염증
(Infection/Inflammation)
- 붓고 열나고 아프다면?

붓고, 열나고, 아프다면: 감염이라는 신호일 수 있습니다

수술을 받은 후 며칠이 지나 가슴이 유독 뜨겁고, 빨갛게 변하거나 욱신거리는 통증이 느껴진다면 마음속에 가장 먼저 떠오르는 단어는 바로 '감염'일 것입니다. 가슴 수술 후 감염이라는 말은 듣기만 해도 걱정스러운 단어입니다. 혹시 내 수술이 잘못된 건 아닐까, 다시 수술을 받아야 하나, 보형물을 빼야 하나… 생각은 꼬리에 꼬리를 물고 이어지곤 합니다.

하지만 감염은 단순히 '무서운 합병증'만은 아닙니다. 초기에 잘 대응하면 보형물을 유지하면서 회복할 수 있는 경우도 많고, 예방만 잘해도 충분히 피할 수 있는 문제이기도 합니다.

가슴 성형 후 감염은 보형물을 둘러싼 공간에 세균이 들어가 염증 반응을 일으키는 현상입니다.(감염과 염증은 의학적으로는 다른 의미이지만 일반적으로 혼용되어 사용되는 경우가 많습니다.) 증상은 매우 다양하게 나타납니다. 단순히 열이 나는 정도부터 시작해서, 심할 경우에는 고름이 생기거나 가슴이 심하게 부풀고 아픈 상태까지 진행되기도 합니다. 문제는 이 감염이 조기에 진단되지 않거나 적절히 관리되지 않으면, 보형물을 제거해야 할 수도 있다는 점입니다. 그래서 더욱 철저한 예방과 빠른 대처가 필요합니다.

감염은 대개 수술 직후보다는 수술 후 1~2주 이내, 즉 급성기에 발생하는 경우가 많지만, 때로는 몇 주 또는 몇 달이 지난 후 서서히 증상이 나타나기도 합니다. 이처럼 지연성 감염은 미세한 세균이 몸속에서 은근히 자리를 잡고, 조직 사이에서 서서히 문제를 일으키는 방식으로 진행됩니다. 또 아주 드물지만, Biofilm이라는 형태로 보형물 피막 안에 세균이 자리를 잡아 만성적인 염증, 구형구축, 장액종 같은 문제를 유발하는 경우도 있습니다.

감염이 생기는 이유는 여러 가지입니다. 수술 중 피부에 있는 상재균이나 유선 조직 속의 세균이 유입될 수도 있고, 수술 후 절개 부위 위생 관리에 문제가 생겨 세균이 들어가는 경우도 있습니다. 특히 면역력이 일시적으로 떨어져 있는 경우, 당뇨나 만성 질환이 있는 경우에는 감염 위험이 더 높아질 수 있습니다.

진료실에서 종종 "가슴이 붓고, 살짝 열감이 느껴져요", "수술 부위가 빨갛고 단단해졌어요", "진물이 나는 것 같아요"라는 말씀을 들을 때가 있습니다. 이런 증상들은 감염을 의심해볼 수 있는 신호입니다. 특히 37.8도 이상의 미열이 24시간 이상 지속된다면 단순한 회복 통증으로 보지 말고 병원을 찾아야 합니다.

유앤유 성형외과는 감염을 예방하는 데 있어서 무엇보다 철저한 원칙을 지키고 있습니다. 가장 기본적인 원칙은 **'안면부 수술은 하지 않는다'**는 것부터 시작됩니다. 얼굴의 구강과 비강은 세균이 많은 부위이기 때문에, 같은 층에서 코수술, 윤곽수술과 가슴 수술을 함께 진행할 경우 교차감염의 위험이 높아집니다. 얼글 수술 부위는 상재균이 많은 비멸균 영역이고 구강 내부에는 Streptococcus 등의 구강상재균(Oral flora)이 상존하며, 구강 점막은 완전히 멸균이 불가능한 부위입니다. 입술 성형, 안면윤곽술, 턱끝수술 등 구강 내와 연결되거나 점막을 노출시키므로 감염원 노출 위험이 높습니다. 비강에는 Staphylococcus 등의 비강상재균 (Nasal flora)이 서식하며 특히 메티실린 내성 황색포도상구균(MRSA)의 보균 가능성도 있으며, 코 수술(특히 비중격, 콧속 절개 접근)은 이런 세균을 퍼뜨릴 수 있습니다.

📌 수술 상처의 분류 (Surgical wound classification)

분류	정의	예시	감염률
Clean wound	무균 조건에서 시행, 감염되지 않은 조직만 절개	가슴보형물 수술	〈 2%
Clean-contaminated wound	호흡기·소화기·비뇨기계 등 상재균 존재 부위에 제한적 접근	코 성형(나비 접근), 구강을 통한 악안면수술	5~10%

위의 표에서 보듯이 가슴보형물 수술과 안면부위의 성형술은 감염률이 5배 정도 차이가 나며 감염 정도의 분류가 아예 다른 수준의 수술입니다. 이 두가지 수술을 한병원에서 같이 수술한다면 두 종류의 환자와 의료진이 섞이게 되어 감염의 위험에 노출되고 손해보는 쪽은 가슴성형수술 환자들 이라고 할 수 있습니다. 그래서 유앤유는 안면부위 수술은 시행하지 않고 가슴 수술만 진행하며, 유방외과, 성형외과, 마취과 전문의가 수술 전후 전신 상태를 철저히 관리합니다. 수술 전에는 체온과 백혈구 수치를 미리 확인하고, 항생제를 선투여합니다. 수술 중에는 켈러펀넬, 내시경 박리, 드라이 포켓 유지 등 모든 과정이 감염 예방을 위한 전략으로 구성됩니다. 수술 후에도 초음파를 통한 경과 확인, 드레인 관리, 항생제 유지 등으로 환자 몸이 보내는 신호를 놓치지 않도록 합니다.

감염이 실제로 발생했을 때, 모든 경우에 보형물을 제거해야 하는 것은 아닙니다. 예를 들어 수술 후 가벼운 열만 나는 상태라면, 경구 항생제와 휴식, 냉찜질만으로도 충분히 호전될 수 있습니다. 하지만 액체 고임이 초음파에서 확인되거나, 증상이 며칠 이상 지속된다면 좀 더 적극적인 조치가 필요합니다. 이때는 배액관을 통해 장액 제거 후 항생제를 바꾸고, 필요시 주사 항생제를 병행합니다.

문제가 심해져 농양이 형성되거나 전신 증상이 나타난다면, 보형물 제거가 필요한 경우도 있습니다. 다만 이 상황은 수술을 한 번에 끝내지 못할 수도 있습니다. 몸이 회복된 후 6개월 정도의 기간이 지난 후 다시 보형물을 재삽입 하는 것이 좋을 수 있습니다. 이 과정에서 감염 치료와 미용적 결과 사이의 균형을 맞추는 것이 환자와 수술자의 중요한 역할입니다.

유앤유에서 실제로 있었던 사례 중 하나는, 수술 후 3일째 발열과 국소 발적이 나타난 환자였습니다. 초음파에서 장액종이 발견되었고, 5일간의 항생제 치료 후 증상이 안정되면서 보형물을 유지할 수 있었습니다. 반면, 타병원에서 수술받은 후 지속적인 통증과 발열로 유앤유에 내원한 한 환자의 경우, 내원 당시 농양이 확인되어 보형물 제거 후 약 8주간 회복 기간을 거친 후 성공적으로 보형물을 다시 삽입했습니다.

이러한 경험은 감염이 단순한 '위험 요소'가 아니라, 적절한 판단과 시간 조절을 통해 충분히 극복 가능한 문제임을 보여줍니다.

감염을 예방하는 가장 좋은 방법은 '청결'과 '주의'입니다. "가슴전문센터" 라고 부르며 너도나도 "가슴에 진심"이라고 주장하고 있지만 근본적으로 철저히 안면부 수술은 같이 시행하지 않는 절대적인 환경을 선택하는 것이 좋습니다. 옆 수술실에서 코수술이나 안면윤곽술을 시행하고 있다면 교차감염 확률이 높아질 수 밖에 없습니다. 유앤유 성형외과는 안면부 수술은 진행하지 않고 가슴성형에만 집중하는 병원입니다. 수술 후 흡연은 절대 삼가야 하며, 당뇨나 면역 저하 질환이 있는 경우에는 반드시 내과 협진을 통해 수술 전 상태를 점검해야 합니다. 흐르는 물로 가벼운 샤워는 방수밴드를 붙히고 가능하지만 탕목욕, 물놀이 등은 최소 일주일 이상 지난 후에 가능하며, 절개 부위는 항상 청결하게 유지해야 합니다. 만약 열감이 느껴지거나 진물이 난다면, 스스로 판단하지 말고 병원을 찾아야 합니다.

수술 전후의 세심한 관리, 그리고 내 몸의 작은 변화어 대한 관심이야말로 감염 예방의 핵심입니다. 감염은 두렵지만 설사 생기더라도, 전문적인 진단과 체계적인 수술 계획이 있다면 건강하게, 예쁘게 다시 회복될 수 있습니다.

〈 가슴성형 부작용 : 염증/감염 확률을 낮추는 유앤유만의 방법은? 〉

04 장액종
(Seroma)
- 가슴이 땡땡 붓고
물이 찬 느낌이 든다면?

✒ 장액종이란?

수술 부위가 물찬 듯 묵직하다면: 장액종이라는 가능성

가슴 수술 후 시간이 좀 지나고 나서, 유독 한쪽 가슴이 묵직하게 느껴진 다든지, 눌러도 쉽게 꺼지지 않을 만큼 단단하고 불편하다면, 혹시 그 안에 **물이 찬 건 아닐까** 하는 걱정이 들 수 있습니다. 때로는 움직일 때 안에서 찰랑거리는 듯한 이상한 감각이 느껴질 수도 있고, 미열을 동반하기도 합니다. 이런 경우, '장액종(Sercma)'을 의심해 볼 수 있습니다.

장액이라고 불리우는 액체는 몸 안에서 나오는 맑은 조직액으로, 보통은 혈액에서 혈장 성분이 여과되어 생깁니다. 장액종은 수술 후 보형물 주변에 이 장액이 고이는 현상입니다. 수술 부위에 상처가 생기고, 조직이 회복되는 과정에서 이런 액체가 일시적으로 고이는 건 흔한 일이며, 대부분은 몸이 자연스럽게 흡수합니다.

하지만 시간이 지나도 그대로 남아 있거나, 반복적으로 다시 생기는 경우엔 조금 더 주의 깊게 살펴봐야 합니다. 단순한 물 고임이라고 보기보다는, **조직 간 마찰이나 피막 자극, 염증 반응이 계속되고 있다는 신호**일 수 있기 때문입니다.

장액종은 보통 세 가지 형태로 나눌 수 있습니다. 수술 직후 1~2주 안에 나타나는 경우는 급성 장액종으로, 대부분 특별한 치료 없이 자연 흡수가 잘 됩니다. 문제는 수술 후 몇 주에서 몇 개월이 지난 후 다시 나타나는 지연성 장액종이나, 수술한 지 1년 이상 지나 갑자기 생기는 만성 장액종입니다. 특히 만성적으로 반복되거나, 체액의 양이 많고 한쪽만 계속 부풀어 오른다면, 수년 전 이슈가 되었던 Allergan 보형물의 **BIA-ALCL(보형물 관련 역형성 대세포 림프종)**과의 감별이 필요합니다.

장액종이 생기는 원인은 다양합니다. 수술 중 박리 범위가 너무 넓었거나, 보형물이 자리 잡은 공간이 과하게 커 마찰이 많을 경우, 혹은 피막 내에 출혈 잔여물이 남아 있거나, 수술 환경이 완전히 무균이 아니었던 경우에도 생길 수 있습니다. 체질적으로 염증 반응이 과하거나, 면역반응이 예민한 사람에게도 더 자주 발생합니다.

유앤유 성형외과에서는 장액종이 의심되는 환자가 내원하면 우선 초음파를 통해 피막 안의 체액 양과 위치, 보형물 상태를 꼼꼼히 확인합니다. 보통 체액이 10cc 이하이고 통증이 없으면, 무리하게 배액하지 않고 1~2주 정도 지켜보는 경우도 많습니다. 하지만 체액의 양이 많거나, 반복되는 경우, 또는 환자가 불편함을 느끼는 경우에는 초음파 유도하에 주사기로 배액을 하고, 압박 브라를 착용해 체액이 다시 고이지 않도록 합니다.

장액종이 자꾸 반복되거나, 양쪽 모두에서 나타나는 경우에는 수술을 다시 고려해야 할 수 있습니다. 이때는 장액종이 고인 공간과 자극된 피막을 제거하고, 보형물의 위치나 평면을 조정해 다시 자리잡도록 합니다. 특히 Allergan이나 Polytech처럼 마찰 계수가 높은 텍스처드 보형물을 삽입한 경우에는, 부드러운 스무스 보형물(Motiva 또는 Mentor 등)로 교체하면서 마찰을 줄이는 것이 도움이 됩니다.

유앤유에서는 장액종 재수술 시, 장액종 공간을 정밀하게 박리하고 피막을 제거한 뒤 **드라이 포켓** 방식으로 새로운 공간을 형성합니다. 이를 통해 염증 유발 요소를 최소화하고, 재발 가능성을 낮추는 전략을 씁니다.

장액종이 감염을 동반한 경우에는 치료 방향이 달라집니다. 감염이 확인되면 항생제를 투여하고, 필요할 경우 보형물을 제거한 후 염증이 사라진 다음에 재수술을 계획합니다. 이런 과정은 시간이 필요하지만, 결과적으로는 훨씬 안전하고 안정적인 가슴 모양을 되찾을 수 있습니다.

실제 사례 중에는 수술 후 14일째 오른쪽 가슴만 부풀어 오른 환자가 있었습니다. 초음파상 8cc 정도의 장액이 확인되었고, 주사기로 배액한 후 압박 착용을 병행하며 자연 흡수가 유도되었고, 보형물은 그대로 유지할 수 있었습니다. 또 다른 환자는 타병원에서 Allergan Textured 보형물로 수술받은 후 6년이 지나 장액종이 재발하여 내원하였고, Total capsulectomy와 함께 장액 내 CD30 검사를 시행해 BIA-ALCL 가능성을 확인하고 안정적으로 재삽입을 마쳤습니다.

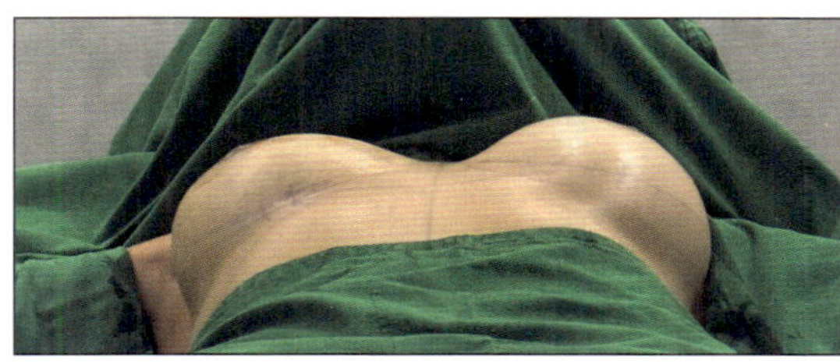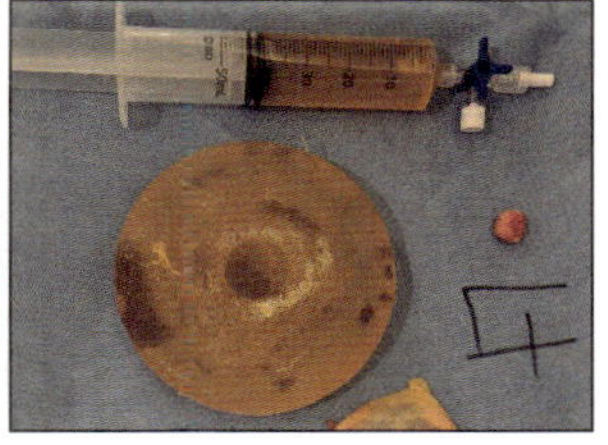

〈 Allergan 보형물 삽입 후 왼쪽 가슴이 부풀어 올라 40cc 장액종, 피막제거 사례〉

수술 후 관리에서도 주의가 필요합니다. 장액종 가능성이 있는 케이스라면, 초반 1주간은 배액관을 유지하며 압박 브라를 착용하는 것이 중요하고, 만약 장액종이 반복된다면 포켓 크기를 줄이고 피막 자극을 줄이는 방향으로 재수술을 계획해야 합니다. 반복적으르 장액종이 생기는 경우에는 반드시 BIA-ALCL 검사를 병행해 안전을 확보해야 합니다.

장액종이라는 말이 낯설게 들릴 수 있지만, 사실 많은 환자들이 수술 후 일시적인 묵직함이나 붓기를 경험합니다. 대부분은 자연스럽게 사라지지만, 몸이 보내는 신호를 무시하지 않고 적절히 진단하고 관리한다면 큰 문제 없이 회복할 수 있습니다.

가슴 안쪽에서 느껴지는 이상한 찰랑거림, 부풀어 오른 듯한 묵직함이 미열과 함께 계속된다면, 너무 걱정하기 전에 병원을 방문해 초음파 검사를 받아보는 것이 좋습니다.

📌 장액종 발생 시기 및 유형 분류

유형	발생 시점	특징 및 고려사항
급성 장액종	수술 후 1~2주 이내	대부분 자연 흡수, 경과 관찰 가능
지연성 장액종	수술 수주~수개월 이후	반복 발생, 양 증가 가능, 피막 자극 영향
만성 장액종	수술 수년 후	BIA-ALCL과 감별 필요, 피막 내 잔류

── 장액종 자가 진단 체크리스트 박스 ──

- ☑ 수술 후 한쪽 가슴만 유독 부풀어 올랐다
- ☑ 멍은 없는데 묵직하고 불편한 느낌이 든다
- ☑ 움직일 때 안에서 출렁이는 느낌이 있다
- ☑ 눌러도 부기가 꺼지지 않고 단단하다

→ 2개 이상 해당 시 초음파 진단 권장

https://blog.naver.com/unubreasts/223872900796
〈 가슴수술피주머니, 꼭 해야 되는 건가? 〉

05 피고임
(Hematoma)
- 수술 부위가 갑자기 단단히 부풀어 오르면?

✒ 피고임이란?

갑자기 가슴이 붓고 멍이 들었다면: 피고임의 가능성

가슴 수술을 받고 회복 중인데, 시간이 조금 지나면서 한쪽 가슴이 유독 단단해지고 붓는 듯한 느낌이 들었다면, 혹은 멍든 것처럼 피부색이 짙어지거나 묵직하게 아픈 느낌이 강해졌다면, '이거 뭔가 잘못된 건 아닐까' 하는 불안감이 찾아올 수 있습니다. 많은 분들이 처음엔 붓기나 멍이 심한 거라고 생각하지만, 경우에 따라선 이것이 바로 '피고임'일 수 있습니다.

피고임(Hematoma)이란 수술 후 보형물 주변이나 절개 부위 내부에 혈액이 고이는 현상입니다. 단순한 부기와는 다르게, 고인 혈액이 조직을 밀어내며 공간을 만들기 때문에 눌렀을 때 탱탱하고 단단한 느낌이 들 수 있고, 멍의 범위가 생각보다 넓게 퍼지기도 합니다.

보통은 수술 직후 1~3일 이내에 나타나며, 초기에 제대로 진단하고 조치하지 않으면 감염, 구형구축, 심한 경우엔 조직 괴사까지 이어질 수 있기 때문에 신속하고 정밀한 대응이 필요합니다.

피고임은 출혈과 관련된 문제이기 때문에, 수술 중 미세한 혈관 손상, 혹은 지혈이 충분히 되지 않은 상태에서 발생할 수 있습니다. 수술 후 혈압이 급격히 올라가거나, 팔을 무리하게 사용하는 동작, 혹은 환자 본인의 출혈 경향성(항응고제 복용, 혈액 질환 등)이 원인이 되기도 합니다.

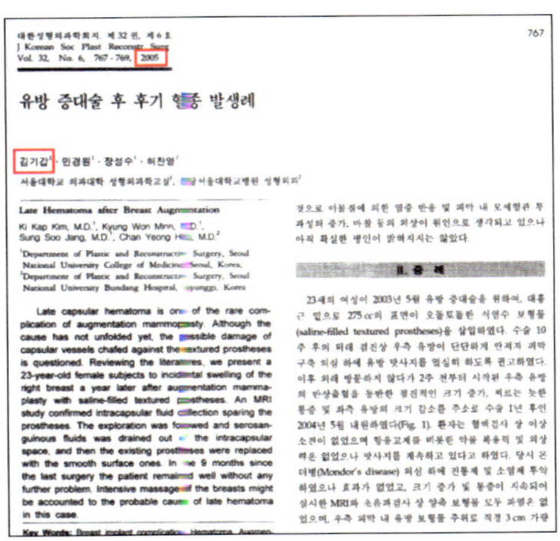

〈 대한성형외과 학회지에 20년 전 발표한 혈종(피고임)에 대한 논문,
Journal of Korean Society of Plastic and Reconstructive Surgery 〉

실제 진료실에서는 "처음에는 괜찮았는데, 하루 이틀 지나니까 한쪽 가슴이 갑자기 더 부풀어 올랐어요", "멍이 점점 퍼지고, 눌렀을 때 통증이 심해요", "쇄골까지 부어 올라 숨을 못 쉬겠어요."라는 말로 피고임 증상을 표현하는 환자들이 종종 있습니다. 눌렀을 때 단단하고 탄성이 없거나, 누

워 있어도 가슴이 좌우 비대칭으로 유지될 정도라면 반드시 내원해서 상태를 확인해야 합니다.

유앤유에서는 피고임 여부를 판단할 때, 우선 초음파로 내부 음영을 확인하고, 고여 있는 액체가 혈액인지 조직액인지, 양이 얼마나 되는지를 분석합니다. 때로는 색깔 변화나 피부의 팽창 정도, 피부 장력까지 함께 확인하여 그 심각도를 판단합니다.

소량의 피고임, 예를 들어 10cc 이하 정도이고 통증이 없다면, 몸이 흡수할 수 있도록 경과를 지켜보는 것이 가능합니다. 하지만 그 이상이거나, 통증이 동반된다면 흡인 또는 배액이 필요합니다. 100cc 이상이 고여 있을 경우에는 보형물을 일시적으로 제거하거나, 출혈 부위를 직접 눈으로 보고 지혈하는 재수술을 시행하는 것이 안전합니다.

특히 급성 피고임은 수술 후 며칠 내 발생하는 반면, 지연성 피고임은 수술 후 2~4주 사이 피막의 형성 시기에 갑작스러운 움직임이나 자극으로 발생하기도 합니다. 드물지만, 피고임이 만성화되면 혈액이 완전히 흡수되지 못하고 보형물 주변에서 피막을 형성해 잔류하는 경우도 있어 더 세심한 진단이 필요합니다.

유앤유에서는 이런 위험을 줄이기 위해 수술 중 절개 부위를 눈으로 직접 보며 지혈하고, 겨드랑이 절개처럼 육안으로 보기 어려운 부위는 내시경을 통해 출혈 지점을 실시간으로 확인합니다. 수술 후에는 회복실에서 배액관을 통해 체액과 혈액의 흐름을 모니터링하고, 이상 징후가 없는지 신중히 살펴봅니다.

피고임이 한 번 생긴 환자에게는 지혈술 이후 철저한 출혈 예방 교육이 이루어집니다. 수술 후 며칠간은 팔을 갑자기 들어올리는 동작을 피하고, 상체를 고정한 채 휴식을 취해야 하며, 수분 섭취와 빈혈 조절도 매우 중요합니다. 고혈압이나 항응고제를 복용 중인 환자라면 수술 전부터 내과적 협진을 통해 미리 조절하는 것이 필요합니다.

실제 사례로는 수술 다음날 좌측 가슴이 갑자기 불룩하게 부풀어 오른 환자가 있었고, 초음파에서 130cc 정도의 혈종이 확인되어 내시경으로 제거 후 보형물을 다시 삽입하고 드레인을 3일간 유지하면서 안정적으로 회복되었습니다. 또 다른 환자는 수술 후 한참이 지나 운동을 한 날 우측 가슴에 통증이 생겼고, 70cc의 지연 혈종을 흡인 후 보정 속옷 착용으로 잘 해결된 사례도 있었습니다.

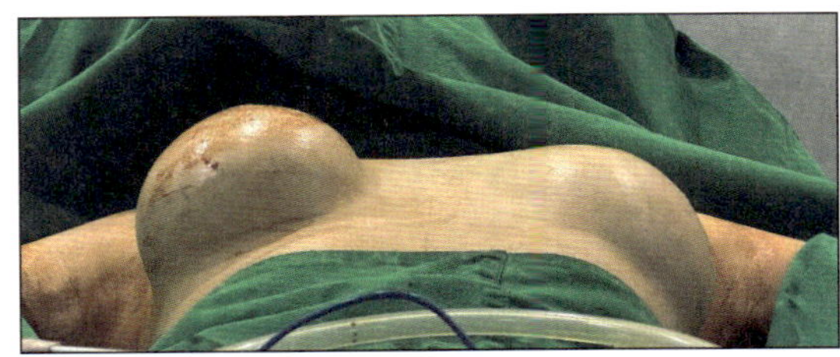
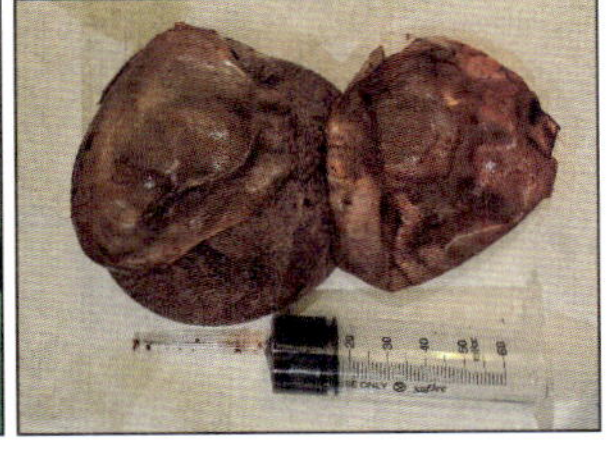

〈 Polytech 보형물 삽입후 생긴 우측 지연혈종, 피막 완전제거후 보형물 교체 〉

무엇보다 중요한 건 조기에 이상 징후를 알아채고, 병원을 방문해 정확한 진단을 받는 것입니다. 수술 부위가 갑자기 더 부풀어 오르거나, 멍이 넓게 퍼지며 가슴이 무겁고 단단하게 느껴진다면 '그냥 부기겠지' 하고 넘기지 마세요. 반대로 단단함이 없으면 그냥 겉에 멍든 브기이므로 걱정하지 않으셔도 됩니다. 피고임은 초기에 잘 관리하면 큰 문제 없이 지나갈 수 있지만, 방치하면 구형 구축 등 예기치 못한 결과를 만들 수 있습니다. 몸이 보내는 신호는 늘 정직합니다. 이상하다는 느낌이 든다면 그 감각을 믿고, 의료진의 판단을 받아보는 것이 가장 안전한 선택입니다. 그리고 유앤유는 그 과정을 누구보다 빠르게, 그리고 정확하게 함께할 수 있도록 준비되어 있습니다.

✒ 피고임 발생 시기 및 유형 분류

유형	발생 시점	주요 특징
급성 피고임	수술 후 1~3일	붓기+통증+단단함, 멍 동반, 혈종 크기 증가
지연 피고임	수술 1~4주 후	운동, 압력 등 자극 이후 갑자기 발생
만성 피고임	수술 수개월~1년 후	흡수되지 않은 혈액이 피막화되어 잔류

피고임 자가 진단 체크 박스

- ☑ 수술 직후보다 한쪽 가슴이 더 부풀고 단단하다
- ☑ 눌렀을 때 종괴처럼 느껴지고, 탄성이 없다
- ☑ 한쪽만 멍이 짙게 퍼지고 무겁게 욱신거린다
- ☑ 누워도 좌우 비대칭이 계속 유지된다
  - → 2개 이상 해당된다면 즉시 초음파 검사를 권장합니다.

〈 가슴수술 피고임, 혈종? 재수술을 하게 될 수 있습니다. 〉

〈 "피고임은.. 수술을 잘못해서 생긴 부작용인가요? " 라고 물어보았습니다 〉

06
BII
(Breast Implant Illness)
- 설명되지 않는
전신 증상이 있다면?

✒ 매우 드물지만 BII란?

설명되지 않는 전신 증상, 혹시 BII일까요?

가슴 수술을 받고 시간이 꽤 지났는데, 이유를 알 수 없는 피로가 계속되고, 몸이 예전 같지 않다는 느낌이 점점 커진다면 한 번쯤 이런 생각이 들 수도 있습니다. 혹시 보형물과 관련이 있는 건 아닐까?

BII, 즉 Breast Implant Illness는 아직 명확한 의학적 진단명이 정립된 상태는 아니지만, 전 세계적으로 점점 더 많은 여성들이 그 존재를 이야기하고 있습니다. 그리고 우리는 그 이야기에 귀를 기울여야 합니다.

BII는 특별한 질병이라기보다는, **보형물과 관련된 다양한 전신 증상들
이 복합적으로 나타나는 상태**를 의미합니다. 만성 피로감, 불면, 관절 통
증, 손발 저림, 탈모, 피부 트러블, 기억력 저하, 집중력 저하, 불안감, 눈
충혈이나 구강건조 같은 증상까지… 전형적인 패턴은 없고, 증상도 사람마
다 다릅니다. 오히려 그 다양성이 이 질환을 더 어렵게 느끼게 만들지요.

무엇보다 중요한 건, BII는 의사가 먼저 진단을 내리는 병명이 아니라는
점입니다. **환자가 느끼는 증상과 삶의 변화에 공감하는 데서부터 시작되는
이야기**입니다.

처음엔 단순한 피곤이나 스트레스로 여겼던 증상들이 어느 순간 일상이
되며 삶의 질을 떨어뜨릴 때, 그것이 단순한 컨디션 문제만은 아닐 수 있습
니다. 실제로 BII 증상은 수술 직후부터 나타나는 경우도 있지만, 대부분은
수술 후 몇 개월, 혹은 수년이 지나 천천히 진행되며 심해지는 양상을 보입
니다. 출산, 수유, 폐경, 감염, 스트레스 같은 환경 변화가 계기가 되어 증
상이 확 악화되는 경우도 적지 않습니다.

물론 모든 환자에게 나타나는 건 아닙니다. 다만 자가면역질환 병력이
있는 분들(루푸스, 갑상선질환 등), 반복적인 염증이나 장액종이 있었던 분
들, 또는 텍스처드 보형물처럼 표면 마찰이 높은 보형물을 사용한 경우에
는 **신체가 보형물에 대해 면역학적 부담을 더 크게 느낄 수 있다는 보고들**
이 있습니다.

BII를 진단하는 뚜렷한 검사는 아직 없습니다. 대부분의 경우 '배제 진단', 즉 다른 원인을 다 확인해도 특별한 질환이 없을 때 의심해보게 됩니다. 그래서 혈액검사로 자가면역 수치(ANA, CRP, ESR 등)를 확인하고, 필요 시 갑상선이나 류마티스 계열 질환과도 비교해보게 됩니다. 무엇보다 중요한 것은, 환자 스스로 느끼는 신체 변화의 흐름을 기록하고 들여다보는 과정입니다.

유앤유에서는 BII를 단순한 '신체 이상'이 아니라, **심리적·면역적·생활적 복합 문제**로 받아들입니다. 진료실에서는 의사가 질문하기보다는 환자가 스스로 정리해온 증상 리스트를 바탕으로 대화를 시작하고, 유방 외 증상까지 포함한 전신 상태를 함께 살펴보는 방향으로 접근합니다. 몸의 변화뿐 아니라 그로 인해 겪는 정서적 스트레스, 불안감도 함께 다루는 것이 중요하기 때문입니다.

치료는 크게 두 가지 방향으로 나뉩니다.

하나는 **비침습적 관리**입니다. 염증 수치를 낮추는 식이요법, 규칙적인 운동, 면역 밸런스를 위한 보조 요법, 그리고 심리적인 지지까지 포함해 전신 건강을 조절하는 방법입니다.

다른 하나는 **보형물 제거를 포함한 외과적 접근**입니다. 증상이 지속되거나 일상에 영향을 미칠 정도라면, 보형물과 피막을 함께 제거하는 Total Capsulectomy를 고려할 수 있습니다. 이때 피막 조직어 대한 조직검사나 자가면역 항체 평가도 병행하여 보다 정밀한 진단을 돕습니다.

수술 이후 증상이 개선되면, 보형물을 다시 넣지 않고 유지하는 환자도 많습니다. 하지만 일부 환자들은 외형적 변화로 인한 불편감이 있어, 증상 완화 후 일정 기간이 지난 뒤 보형물을 다시 삽입하기도 합니다. 이 경우에는 마찰 계수가 낮은 모티바 마이크로텍스쳐 보형물을 근막하 평면에 제한적으로 삽입해 면역 반응을 최소화하는 방식으로 진행합니다.

매우 드문 질병이기 때문에 제가 경험한 유사 사례 중에는 수술 후 1년 동안 지속된 만성 피로감과 탈모, 피부 트러블로 고생하던 환자가 있었는데, 피막과 보형물을 제거한 뒤 3개월 만에 대부분의 증상이 눈에 띄게 호전되었습니다. 확신할 수는 없지만 BII로 의심해 볼 수는 있는 케이스였으며 모티바 같은 마이크로 텍스쳐 보형물이 대세로 자리잡은 지금부터는 매우 드문 현상이 될 것이므로 크게 걱정하지는 않으셔도 됩니다.

BII는 단정할 수 있는 질병은 아닙니다. 하지만, **의학적으로 명확한 기준이 없다는 이유만으로, 환자의 고통이 덜한 것은 아닙니다.** 몸이 보내는 신호를 무시하지 않고, 그 신호를 믿고 상담을 받는 것부터가 시작입니다.

수술 전 자가면역 병력이 있거나, 유난히 피로가 지속되며 다양한 전신 증상이 생겼다면 그 변화들을 일기처럼 기록해보세요. 유앤유에서는 그런 기록을 소중하게 받아들이며, 강신의 몸과 마음이 모두 편안해질 수 있는 방향을 함께 고민합니다.

🔨 BII 관련 주요 증상 분류

① 전신 증상

가장 흔하게 나타나는 것은 **만성 피로감**입니다. 이유 없이 쉽게 피로해지고, 쉬어도 회복되지 않는 느낌이 지속됩니다. **피부 트러블**(여드름, 발진, 건조, 탈모 등)도 많은 환자들이 호소하며, **근육통**이나 **관절통**, 그리고 **손발 저림** 같은 말초 신경계 이상도 자주 나타납니다. 이들 증상은 일반적인 건강검진에서 원인을 찾기 어려워 더욱 혼란을 주는 경우가 많습니다.

② 정신·신경계 증상

인지 기능과 감정 조절의 변화를 겪는 경우도 많습니다. 특히 불면, **기억력 저하, 집중력 감소, 불안감** 등은 일상생활의 질을 심각하게 떨어뜨릴 수 있습니다. 이러한 변화는 피로나 스트레스 탓으로 오해되기 쉽지만, 지속되거나 점차 심해질 경우 BII와의 연관성을 고려해볼 수 있습니다.

③ 자율신경 및 기타 증상

그 외에도 **눈 충혈, 구강건조**, 생리 불순처럼 자율신경계나 호르몬 반응과 관련된 다양한 이상 증상들이 나타나기도 합니다. 이들 증상은 서로 연관 없어 보이지만, 전신적인 면역·염증 반응이라는 하나의 흐름 안에서 이해할 수 있습니다.

〈 가슴보형물제거후기? 2편의 논문으로 알가보는 모양/신체 변화 〉

　　보형물 삽입 환자의 증상관리를 위해 국가기관에 명단을 등록하여 관리하고 있습니다. 유앤유의 2024년 가슴보형물 삽입 3023건 시행은 바로 이 데이터를 근거로 입증된 자료입니다.

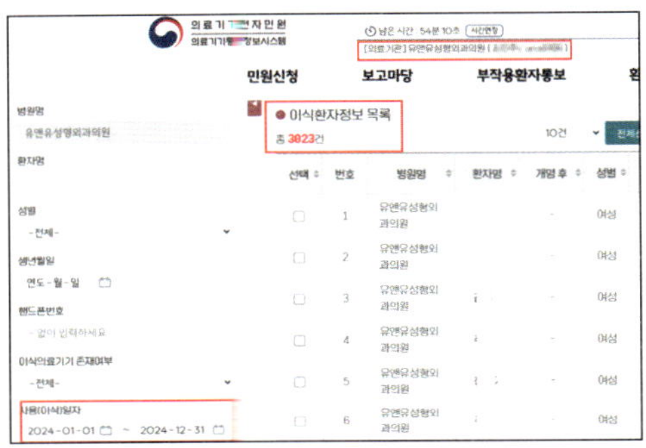

　　미국에서도 FDA 승인을 받은 모든 보형물 (Allergan, Mentor, Motiva 등)의 이식 상황을 국가적으로 명단을 등록하여 증상관리에 활용하고 있습니다.

〈 National Breast Implant Registry 〉

BIA-ALCL

(Breast Implant-Associated Anaplastic Large Cell Lymphoma)
- 매우 매우 드물지만 알고는 있어야 할 희귀암

텍스쳐 유방 보형물로 확대 수술을 받고 난 후 수년이 지나 어느 날, 한 쪽 가슴이 갑자기 붓고 팽창된 느낌이 들었다면 그건 단순한 장액종일 수도 있지만, 아주 드물게 'BIA-ALCL'이라는 병이 숨어 있을 가능성도 있습니다. 낯설고 긴 이름의 이 질환은 '보형물 관련 역형성 대세포 림프종(Breast Implant-Associated Anaplastic Large Cell Lymphoma)'이라는 희귀한 림프종의 한 형태입니다. 이름에서 알 수 있듯이 피부암이 아니라, 림프조직에서 발생하는 종양이며 주로 텍스처드 보형물을 사용한 사람에게서 보고되어 왔습니다.

물론, 너무 걱정부터 하실 필요는 없습니다. 이 병은 전 세계적으로 수술

받은 사람 백만 명 중 1~3명꼴로 드물게 발생하고, 대부분은 조기 진단과 치료로 완치가 가능합니다. 특히 한국에서는 거의 진단된 적이 없으며, 실제로 부드러운 표면을 가진 **Motiva SmoothSilk 보형물에서는 지금까지 단 한 건의 발생 보고도 없습니다**. 하지만 드문 질환일수록 더 늦게 발견되기 쉬운 법이죠. 그래서 우리는 이 질환에 대해 '알고 있는 것 자체'가 곧 예방의 시작이라고 생각합니다.

BIA-ALCL은 대부분 가슴 보형물 주변에 체액이 반복적으로 고이면서 시작됩니다. 수술 후 수년이 지나 갑자기 가슴이 커졌거나, 장액종이 몇 번이나 재발한 경험이 있다면 그때부터는 조금 더 주의 깊게 들여다볼 필요가 있습니다. 때때로 유두 위치가 바뀌거나 통증이 생기기도 하고, 림프절이 부은 느낌을 받는 경우도 있습니다.

정확한 진단을 위해서는 초음파 검사를 통해 피막 주위의 체액을 확인하고, 그 액체에서 **CD30이라는 단백질을 검사**하는 것이 중요합니다. 필요하다면 피막 조직을 떼어내 조직검사를 하거나, PET-CT나 MRI 촬영을 통해 다른 부위로 전이되지 않았는지도 확인합니다.

진단이 내려졌다면 치료는 비교적 명확합니다. 보형물과 함께 그 주변을 감싸고 있는 피막을 완전히 제거하는 **Total Capsulectomy**가 가장 기본이며, 경우에 따라 림프절까지 절제하게 되는 수술이 필요할 수도 있습니다. 림프절에 병이 퍼진 경우에는 항암치료가 병행되기도 하지만, 대부분은 수술만으로도 충분히 관리된다고 합니다.

유앤유에서는 이 질환이 의심될 경우 아주 조심스럽고 철저한 기준을 가지고 대응합니다. 장액종이 수술 2년 이상 경과 후에 나타나거나, 초음파에서 보이는 장액의 벽이 유난히 두껍고 섬유화된 경우에는 반드시 CD30 검사를 함께 시행합니다. 단순한 액체 고임처럼 보여도, 드물게 나타나는 신호를 놓치지 않기 위한 작은 습관이 환자분들의 건강을 지키는 데 큰 역할을 한다고 믿기 때문입니다.

무엇보다 중요한 건 **예방**입니다. 유앤유에서는 텍스처드 보형물은 사용하지 않으며, 마찰을 줄이고 조직 반응을 최소화할 수 있는 부드러운 보형물과 내시경 수술, 무균 시스템을 통해 장액종 자체의 발생률을 낮추는 데 집중합니다.

드물고 희귀하다고 해서 무시할 수는 없습니다. 하지만 너무 불안해하실 필요도 없습니다. 정기적으로 검진을 받고, 장액종이나 이상 증상이 생겼을 때 병원을 찾기만 해도 충분히 조기 대응할 수 있습니다. 이 질환은 우리가 '몰랐기 때문에 늦는' 일이 없도록 지식과 진단 시스템으로 철저히 대비하면 되는 병입니다.

언제나 그랬듯, 치료의 시작은 이해이고, 불안을 줄이는 첫걸음은 정확한 정보입니다. BIA-ALCL 역시 예외는 아닙니다.

한국에서는 거의 케이스가 없으나 미국성형외과 학회(American Society of Plastic Surgeons)에서는 BIA -ALCL의 진단과 치료에 대해 자세히 기술하고 있습니다.

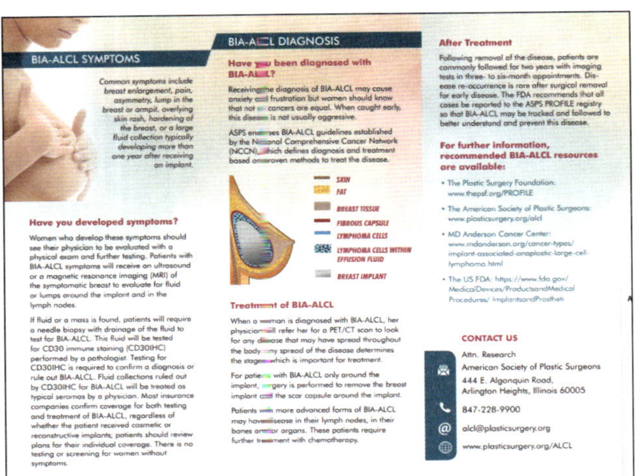

https://www.plasticsurgery.org/patient-safety/breast-implant-safety/bia-alcl-summary

〈American Society of Plastic Surgeons : BIA-ALCL〉

심미적 불만족에 의한 재수술

두 번째는 심미적 불만족으로 인해
재수술을 고려하는 경우입니다.

01 밑빠짐
(Bottoming-out)
- 보형물이 자리를 잃고
점점 아래로 내려올때

가슴 수술을 받고 시간이 지나면서 브래지어가 잘 맞지 않거나, 가슴 모양이 이상하게 느껴진다면 '밑빠짐'을 의심해볼 수 있습니다. 밑빠짐이란 보형물이 본래 있어야 할 위치를 벗어나 아래로 점점 내려가는 현상을 말합니다. 유두는 그대로인데, 보형물만 아래쪽으로 밀려 내려가다 보니 가슴이 처져 보이고 밑선이 무너지는 듯한 모습이 됩니다. 어떤 경우에는 흉터가 위로 드러나고, 브래지어를 착용해도 고정이 안 되는 불편함을 호소하는 분들도 많습니다.

흔히 말하는 '가슴 처짐'과는 조금 다른 개념입니다. 처짐은 유선조직 자체가 중력에 의해 아래로 내려오는 것이고, 밑빠짐은 보형물이 아래로 흘러내리는 것입니다. 겉으로 보기엔 비슷해 보일 수 있지만, 원인도 다르고 치료 방식도 전혀 다릅니다.

밑빠짐이 생기는 이유는 아주 다양합니다. 수술 당시 박리 범위가 너무 넓었거나, 보형물의 크기가 과했거나, 절개 위치나 고정이 제대로 이뤄지지 않았을 수도 있고, 수술 후 지지력이 부족한 브래지어를 착용했을 가능성도 있습니다. 어떤 경우에는 위에서 아래로 보형물이 계속 두드려지는 망치 효과(Hammering Effect)처럼 작용하면서 점점 아래로 밀리게 되죠. 그래서 기존 텍스쳐 타입 보형물보다 스무스 타입 보형물기 밑빠짐 발생률이 다소 높습니다. 결국, 이런 여러 요소들이 겹쳐서 보형물이 본래의 위치를 이탈하게 되는 겁니다.

유두보다 보형물 원판의 중심이 아래에 자리 잡고 있고, 아래쪽 가슴이 늘어지며 유두에서 밑선까지의 거리가 점점 길어진다면, 그리고 브래지어 컵에서 유두가 자꾸 빠져나온다면 단순한 붓기나 일시적인 변화가 아닌, 밑빠짐일 수 있습니다.

유앤유에서는 이러한 밑빠짐 현상에 대해 매우 체계적인 교정 전략을 갖추고 있습니다. 국소마취로 단순히 밑선을 꿰매거나 피막을 찝는 방식(일명 밑선찝기)은 일시적인 효과만 있을 뿐, 시간이 지나면 다시 문제가 재발하기 쉽습니다. 그래서 유앤유는 단축피막고정술을 원칙으로 삼고 있습니다. 이는 늘어난 피막을 일부 제거하고, 보형물의 위치를 다시 조정하며, 새로운 밑선을 재설정하고, 필요하다면 ADM(조직 보강재)을 이용해 아래쪽 조직의 지지력을 높여주는 수술법입니다.

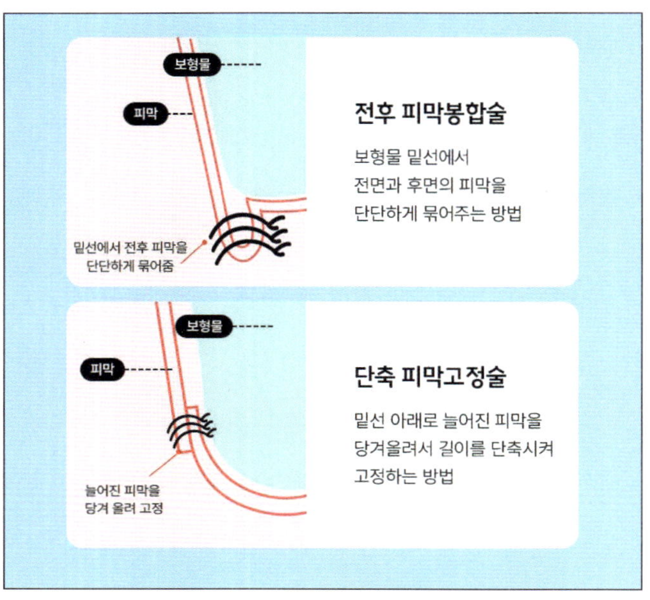

수술 시에는 무엇보다 정확한 박리와 불필요한 피막 제거, 드라이 포켓 유지가 중요합니다. 그래야 보형물이 안정적으로 고정되고, 이후에도 안정적인 가슴 모양이 유지될 수 있습니다.

실제 수술 사례에서도 겨드랑이 절개로 400cc 보형물을 삽입했던 분이 밑빠짐을 겪은 후, 피막을 제거하고 375cc로 보형물을 교체하면서 밑선을 새로 설정해 개선된 경우가 있었고, 텍스처드 보형물에서 스무스 보형물로 바꾸면서 ADM으로 하부 조직을 보강해 안정성을 높인 사례도 있습니다.

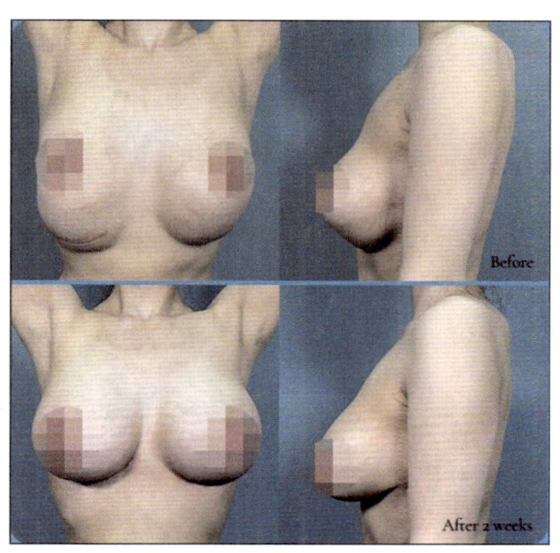

〈겨드랑이절개로 밑빠짐교정술 4차례 시행후 재발, 유앤유에서 밑선절개로 교정한 사례〉

예방을 위해서는 처음 수술 시 **밑선 절개**를 고려하는 것이 좋습니다. 겨드랑이 절개는 보형물이 밑선 위치를 무너뜨릴 수 있기 떄문에, 정확한 밑선 설정이 가능한 밑선 절개가 상대적으로 안정적입니다. 수술 중에는 고정력이 좋은 봉합사를 사용하여 이중잠금으로 고정해야 합니다. 또한, 수술 직후에는 지지력이 좋은 보정 브라를 착용하는 것이 무엇보다 중요하고, 과도하게 큰 보형물보다는 자신의 체형과 조직 상태에 맞는 크기를 선택하는 것이 밑빠짐을 예방하는 첫걸음입니다.

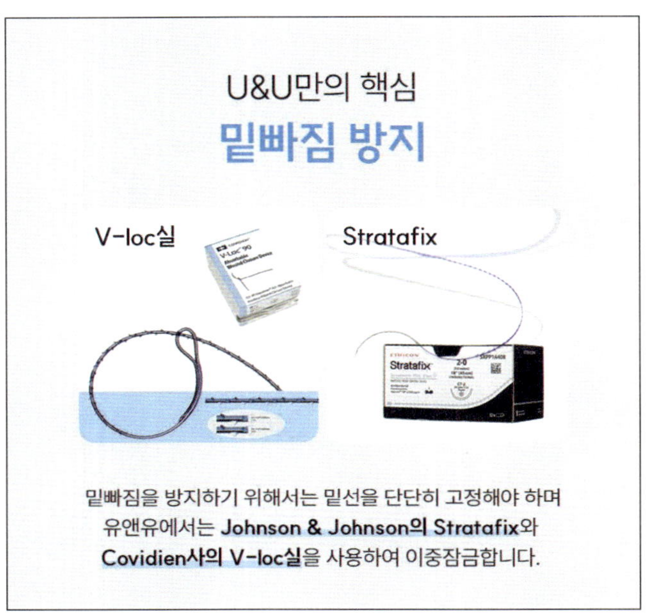

혹시 지금, 가슴이 점점 아래로 무너지는 느낌이 들거나, 브래지어를 착용해도 뭔가 맞지 않는다면 혼자 고민하지 마세요. 밑빠짐은 단순한 미용상의 문제가 아니라, 반복되면 조직 자체가 늘어나고 다시 교정하기 어려워질 수 있는 문제이기도 합니다.

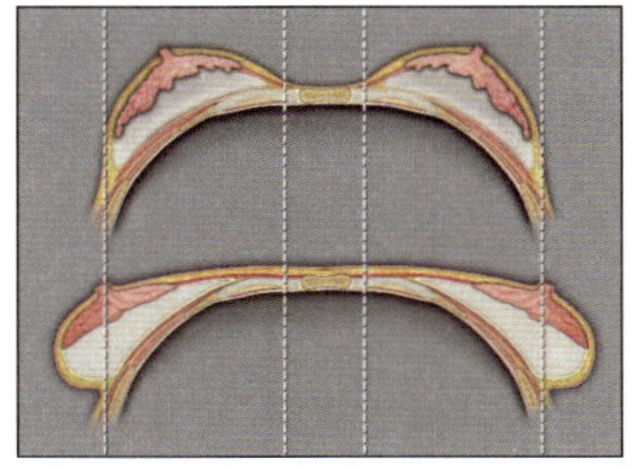

가슴은 단순히 외형을 위한 것이 아니라, 자신감과 삶의 만족도에도 영향을 주는 중요한 부분입니다.

작은 불편함이라도 느껴진다면, 정확한 진단과 해결책을 찾는 것이 가장 현명한 방법입니다.

〈 가슴밑빠짐, 원인/예방법까지 20년의 연구 경험을 토대로 말씀드립니다. 〉

〈가슴성형 부작용 중 "밑빠짐"이요? 산부인과 질환아닌가요? 〉

〈 가슴성형 부작용 밑빠짐 재수술, 다시 예쁜 가슴 만들 수 있을까? 〉

〈 가슴 밑선이 안 맞으신가요? 이렇게 수술해야 가장 확실합니다!!! 〉

02 옆빠짐
(Lateral Displacement)
- 누웠을 때 보형물이
갈비뼈 옆 쪽으로
퍼지는 이유

🖈 브라로 모아도 벌어지는 가슴, 이유가 있었습니다

가슴 성형 후 기대했던 선명한 가슴골이 잘 만들어지지 않거나, 누웠을 때 보형물이 양옆으로 흘러내리는 듯한 느낌을 받는다면, '옆빠짐'을 의심해볼 수 있습니다. 많은 분들이 처음엔 단순히 가슴골이 안 모인다고 표현하시지만, 자세히 살펴보면 보형물이 바깥쪽으로 밀려나며 심미적으로도 기능적으로도 만족스럽지 않은 결과를 남기고 있는 경우가 많습니다.

특히 밤에 잘 때 보형물이 겨드랑이 쪽으로 흘러 불편하다고 느끼는 경우, 혹은 브래지어를 아무리 조여도 중심이 잡히지 않는 느낌은 옆빠짐의

전형적인 증상입니다. 더불어 팔을 들거나 움직일 때 가슴이 안쪽보다 바깥쪽으로 더 퍼진다면, 보형물의 위치가 원하는 방향과 달라졌을 가능성이 높습니다.

이러한 현상은 단순히 체형의 문제만은 아닙니다. 실제로 옆빠짐은 보형물이 제자리를 지키지 못하고 외측으로 움직이면서 발생하는 위치 이상 문제로, 그 배경에는 여러 복합적인 원인이 숨어 있습니다. 수술 당시 박리 범위가 너무 넓었거나 외측 피막 고정이 제대로 이루어지지 않았을 수 있고, 좌우 갈비뼈 경사의 차이나 대흉근 텐션의 불균형, 혹은 보형물의 크기가 체형과 맞지 않는 조합도 영향을 미칠 수 있습니다.

왼쪽 갈비뼈 경사가 심한 경우 옆빠짐이 더 잘 발생하는데, 이는 심장이 위치한 영향으로 대부분 환자의 왼쪽 흉곽이 더 기울어져 있기 때문입니다. 흉곽이 넓고 평평한 새가슴 체형일수록, 보형물이 중심을 유지하기가 더욱 어려워집니다.

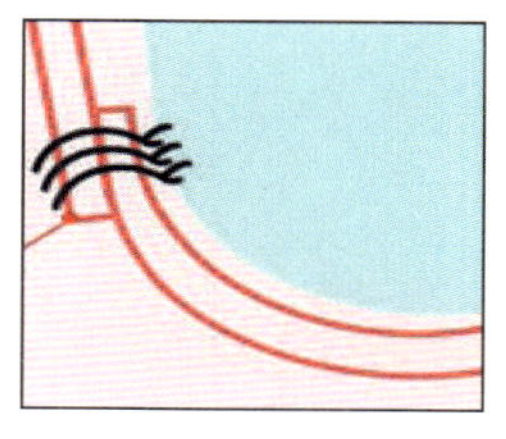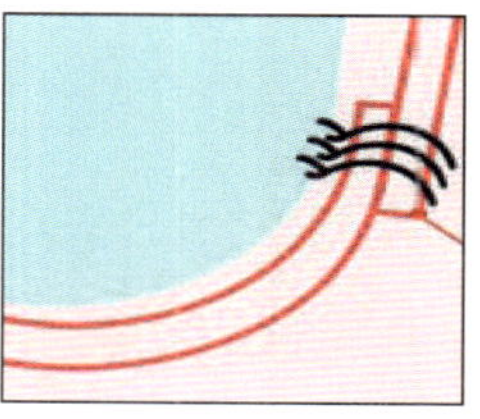

유앤유에서는 이러한 옆빠짐 문제를 단순히 겉모습만 보고 판단하지 않습니다. 초음파 검사를 통해 피막의 유착 상태와 액체 고임 여부를 확인하고, 흉곽 구조와 근육 텐션까지 종합적으로 고려해 수술 계획을 세웁니다.

수술 방법은 앞서 살펴본 밑빠짐의 "단축피막 봉합술"을 수직방향이 아닌 수평방향으로 좌우 각각 시행한다고 보시면 됩니다.

외측 피막을 줄이거나 봉합하여 보형물의 움직임을 제어하고, 필요한 경우 인공진피(ADM)를 덧대어 구조적 지지를 강화합니다. 또 내측 공간을 추가 박리해 가슴골을 새롭게 만들어 주기도 합니다.

이런 과정을 통해 보형물의 위치를 교정하고, 가슴의 중심선을 되살리면서 심미적인 균형까지 함께 회복해나갑니다.

✒ 실제 수술에서 마주한 이야기들

한 30대 여성분은 수술 직후엔 크게 불편함을 못 느꼈지만, 몇 달이 지나면서 왼쪽 가슴이 자꾸 바깥으로 빠지는 느낌을 받았습니다. 누웠을 때 특히 심하게 느껴졌고, 브라로도 모아지지 않던 이 증상은 결국 외측 박리 과다와 좌우 흉곽 경사 차이 때문이었습니다. 피막봉합술을 활용해 외측 피막을 줄이고 360cc 보형물로 교체한 이후, 수면 시 편안함은 물론 좌우 균형도 눈에 띄게 개선되었습니다. 또 다른 40대 환자분은 겨드랑이 절개 수술 후 좌측만 유독 가슴골이 벌어지고 옆으로 밀리는 현상을 겪었습니다. 초음파 검사에서 외측 공간이 지나치게 넓게 박리되어 있었고, 결국 피막 고정과 인공진피 보강으로 보형물 안정화에 성공했습니다.

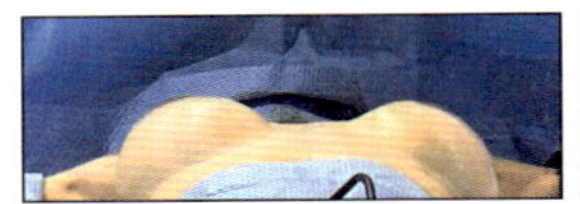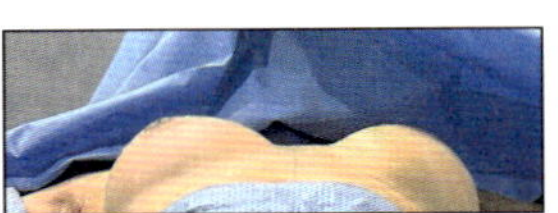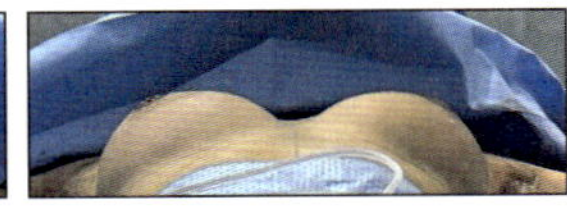

〈 양쪽 옆빠짐 교정 전(좌), 한쪽만 교정(중), 양쪽다 교정(우), 겨드랑이 절개 〉

Q "가슴골이 잘 안 모이면 무조건 옆빠짐인가요?"

A 그럴 수도 있고 아닐 수도 있습니다. 하지만 누웠을 때 보형물이 옆으로 흘러내리는 느낌이 있다면 옆빠짐 가능성이 높습니다. 간순히 유선조직의 볼륨 문제라기보다는, 보형물이 제자리에 있지 않다는 신호일 수 있습니다.

Q "한쪽만 옆빠짐이 있는데, 반대쪽은 괜찮다면 수술도 한쪽만 하면 되나요?"

A 한쪽만 교정이 가능한 경우도 있지만, 좌우 흉곽이나 근육 구조의 차이로 인해 양쪽 수술이 더 대칭적인 결과를 만들어내는 경우도 많습니다. 이는 수술 전 정밀 상담을 통해 결정됩니다.

Q "보형물 교체 없이도 옆빠짐을 교정할 수 있나요?"

A 보형물 자체가 문제라기보다는 보형물을 감싸고 있는 피막의 위치나 조직 구조에 문제가 있는 경우가 많아, 교체 없이도 위치 교정만으로 충분히 해결되는 사례가 많습니다. 하지만 보형물의 크기나 표면 재질이 원인인 경우라면 교체가 도움이 될 수 있습니다.

가슴 성형은 단순히 큰 가슴을 만드는 수술이 아닙니다. 중심이 모이고, 위치가 안정적이며, 체형과 조화를 이루는 형태를 만들어야 만족도도 오래 갑니다. 옆빠짐은 처음엔 사소한 불편함처럼 느껴질 수 있지만, 시간이 지날수록 미용적 불만족과 기능적인 불편을 모두 초래할 수 있습니다.

만약 본인의 증상이 위와 비슷하다면, 너무 늦기 전에 상담을 통해 그 원인을 정확히 짚어보는 것이 좋습니다.

〈 가슴옆빠짐? 수술 후 이런 경우라면 재수술이 필요할 수 있습니다. 〉

〈 가슴 보형물이 옆으로 흐른다? 움직인다? ☜ 그거 옆빠짐이에요 〉

03 합유증 / 유방합체증
(Symmastia)
- 가슴골이 사라진 이유

합유증 – 내 가슴골은 어디로 사라진 걸까요?

가슴 성형을 한 후, 브래지어를 벗었을 때 '가슴골(medial cleavage) 이 사라졌다'는 느낌을 받는다면, 혹은 두 개의 가슴이 조랭이떡처럼 하나로 뭉쳐져 있는 듯 보인다면, 이건 단순한 모양의 불만족을 넘어 '합유증(Symmastia)'이라는 위치 이상일 수 있습니다. 특히 피부가 가슴 중앙에서 들떠 있는 듯하고, 가슴이 마치 단일 덩어리처럼 느껴질 때는 단순히 착시나 착용감의 문제가 아니라 보형물이 정중선을 넘어 이동했기 때문입니다.

이런 현상은 주로 양쪽 보형물이 서로 모이는 쪽으로 힘이 작용하거나, 수술 중 중앙 박리가 과도하게 이루어졌을 때 발생합니다. 특히 오목가슴이 있거나 흉곽이 좁고, 갈비뼈 경사가 비대칭한 체형(척추측만증)에서는 더 쉽게 발생할 수 있습니다. 대흉근의 시작점이 끊기거나 약화되면, 보형물이 점차 중심선을 넘어서면서 피부를 밀어내고, 가슴 중앙이 붕 떠버리는 결과를 만들어내죠.

이 증상은 측면보다는 오히려 정면에서 봤을 때 더 확연하게 보이는 경우가 많습니다. 정면에서 가슴골이 어색하다고 느껴지면서 유두보다 보형물이 안쪽으로 들어와 있는 걸 확인하게 되는 경우가 있습니다. 이럴 때 환자분들은 주로 '뭔가 가운데가 이상하다', '가슴골이 없어진 느낌이다'라고 호소하곤 합니다.

유앤유에서는 합유증을 진단할 때 단순히 외형만 보지 않고 초음파를 통해 중앙 대흉근의 단절 여부를 확인하며, 흉곽의 모양과 박리 범위, 피막의 상태 등을 종합적으로 평가합니다. 진단이 내려진 후에는 단순한 봉합이나 보형물 위치 조정만으로는 해결되지 않는 경우가 많기 때문에, 수술 전략을 보다 정밀하게 세웁니다. 수술 방법은 앞서 살펴본 밑빠짐의 "단축피막 봉합술"을 수직방향이 아닌 수평방향으로 좌우 각각 시행한다고 보시면 됩니다.

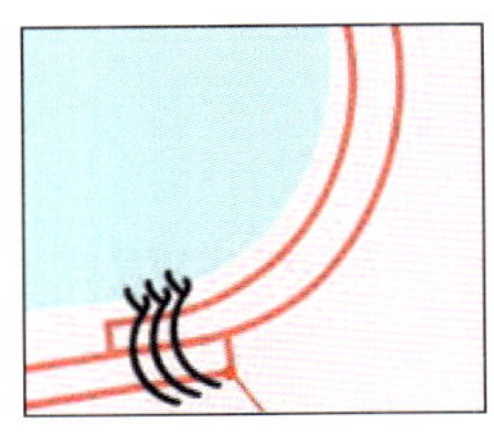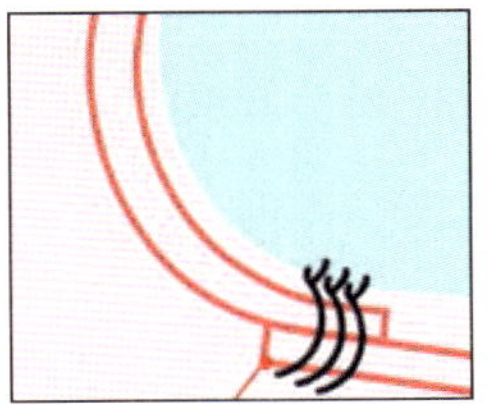

밑빠짐, 옆빠짐, 앞빠짐 등 빠짐류의 재수술에서 성공을 좌우하는 가장 중요한 요소 두가지는 반대쪽 여유 공간과 과잉교정입니다. 재발을 막으려

면 빠지는 쪽의 반대쪽을 여유롭게 박리하여 보형물이 반대쪽에서 편하게 머물며 다시 빠지지 않도록 해줘야 합니다. 보형물은 또다시 갈비뼈의 경사나 근육 힘의 영향을 받기 때문에 과잉교정을 통해 재발을 어느 정도 감안하여 처음에는 과도하게 막아 놓아야 최종적으로는 예쁜 모양으로 자리 잡게 됩니다.

한 20대 환자분은 밑선 절개로 400cc 보형물을 삽입한 뒤, 시간이 지나면서 중심이 무너진 듯한 모양에 스트레스를 받았습니다. 초음파상에서 중앙 피막이 얇아지고 보형물이 서로 밀어내는 상태였고, 결국 피막을 이용하여 대흉근 기시부를 재건하고 인공진피(ADM)로 보강한 뒤, 보형물을 335cc로 조정하는 수술을 진행했습니다. 수술 후 3개월 차부터 안정적인 가슴골이 회복되며 만족감을 되찾았습니다. 또 다른 30대 환자분은 중심만 살짝 들뜬 느낌을 받았는데, 내시경을 이용한 최소 박리 후 전기소작술로 방을 막고 피막을 봉합한 결과, 보형물을 그대로 유지하면서도 모양을 정상화할 수 있었습니다.

브래지어를 벗었을 때 가슴골 부위의 피부가 평평하거나, 심지어 살짝 떠 있는 느낌이 든다면 주의가 필요합니다. 양쪽 가슴이 중앙으로 쏠려 있고, 보형물 위치가 유두보다 더 안쪽에 있거나 가슴 중간이 묘하게 어색하게 느껴진다면, 단순한 가슴골의 가까움과는 다른 문제일 가능성이 높습니다.

✒ 수술 후 회복과 관리, 무엇이 중요할까요?

합유증 수술 후에는 중심선을 안정적으로 유지하는 것이 가장 중요합니다. 모아주는 형태의 브라보다는 중심선이 벌어지지 않도록 고정해주는 방식이 더 효과적입니다. 수술 후 최소 3주 이상 보정 브라 착용이 권장되며, 만약 유두가 안쪽을 향하는 경향이 있다면, 수술 후 6개월까지는 중심 유지를 위한 마사지나 체형 교정이 도움이 될 수 있습니다. 이 마사지나 자세는 유앤유의 치료 경과에 포함되므로 해당 시기에 교육받으시면 재발률을 현저히 낮출 수 있습니다.

✒ 많이 물어보시는 질문들

Q "가슴 중앙이 들뜬 건 유선이 모인 거 아닌가요?"

A 일부 유선이 영향을 줄 수는 있지만, 보형물이 유두보다 더 안쪽에 들어와 있다면 '합유증'을 의심해봐야 합니다. 단순히 연부조직이 두꺼운 경우도 있고, 합유증은 보형물 자체가 잘못된 위치에 있을 때 발생합니다.

Q "인공진피(ADM)는 꼭 써야 하나요?"

A 모든 경우에 사용하는 건 아닙니다. 기존 피막이 충분히 튼튼하고 수술로 보강이 가능하다면 대부분 ADM 없이도 교정이 가능합니다. 하지만 아주 드물게 피막이 약하거나, 이미 한두 번 수술을 경험한 경우에는 ADM을 이용한 보강이 재발 방지에 큰 도움이 됩니다.

보형물 수술은 '크게 만드는 것'이 목적이 아니라, 조화롭고 안정적인 형태를 오래 유지하는 데 있습니다. 합유증처럼 중심이 무너지는 증상은 외형상의 불만족뿐 아니라 기능적인 불편함까지 동반될 수 있습니다. 정확한 진단과 맞춤 수술을 통해 다시 나만의 가슴골을 되찾는 것, 그건 충분히 가능하고, 너무 늦지도 않았습니다.

〈 가슴 재수술 : 앞, 옆, 밑빠짐 〉

04 윗볼록
(High-riding Implant, Upper Pole Fullness)
- 가슴이 위로 볼록한 이유는?

✒ 윗볼록 – 가슴이 왜 이렇게 위에 붙어 있는 걸까요?

윗볼록(high-riding implant, Upper Pole Fullness)은 가슴의 상부가 부자연스럽게 볼록하거나, 보형물이 유두보다 위쪽에 위치한 상태를 말합니다. 전체적으로 가슴이 위로 치켜올라간 것처럼 보이며, 환자들은 흔히 "가슴이 너무 위에 있다", "유두가 아래를 보고 있다", "밥그릇처럼 부자연스럽다"고 표현합니다.

이 증상은 아래쪽 피부나 피막이 단단하여 늘어나지 않았거나, 아래쪽 박리가 부족한 경우이며, 해결의 핵심은 하부 공간 확보와 피부와 피막의 유연성 확보입니다. 예전에 첫수술을 겨드랑이 절개술로 받은 경우 근육을 풀어주는 이중평면법이 제대로 적용되지 않아 근육밑 방법으로 삽입된 경우에 윗볼록을 아주 흔하게 볼 수 있습니다. 구형구축이 있어서 모양변형이 있는 경우도 한쪽이 밥그릇처럼 올라가 있습니다.

윗볼록은 시간이 지나면 조금씩 좋아질 수도 있지만, 6개월 이상 형태변화가 없고 단단한 감촉이 유지된다면, 단순한 일시적 현상이 아닌 구조적인 문제일 가능성이 높습니다. 특히 이중평면(Dual Plane) 방식이 제대로 적용되지 않았거나, 하부 박리가 부족했을 경우엔 보형물이 제대로 자리 잡지 못하고 자꾸만 위로 밀리게 됩니다.

한 30대 여성 환자분은 타 병원에서 425cc 보형물을 삽입한 후, 가슴이 전체적으로 위쪽에 몰린 듯한 인상을 받았습니다. 특히 상부가 과도하게 볼록하고 유두가 아래를 향하면서 '밥그릇처럼 튀어나온 느낌'이라는 표현을 하셨죠. 진단 결과 하부 박리가 부족했고, 구형구축 초기 증상도 확인되었습니다. 유앤유에서는 하부근육을 다시 박리하고, 모양에 방해되는 일부 피막을 제거하였습니다. 보형물을 355cc로 조정한 후, 위치를 아래쪽으로 고정하는 수술을 진행했습니다. 수술 후 1개월 차부터는 중심이 안정되며, 가슴의 아래쪽이 물방울처럼 부드러운 곡선으로 회복되었습니다.

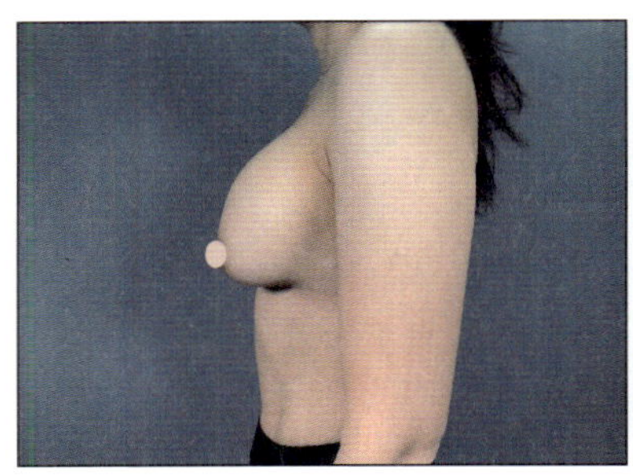 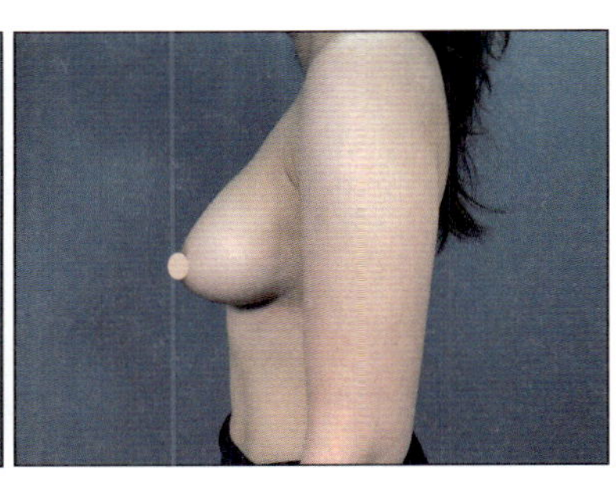

또 다른 환자분은 겨드랑이 절개로 수술을 받았는데, 이중평면 적용이 제대로 되지 않아 보형물이 근육 아래에만 고정되어 상부 돌출이 심했습니다. 내시경을 이용한 재수술로 Dual Plane 수술을 다시 적용하고 보형물 위치를 중심에 맞춰 재조정한 결과, 불편했던 상부 볼록함이 크게 개선되었습니다.

✄ 이럴 땐 윗볼록일 가능성이 높습니다

가슴을 내려다봤을 때 유두보다 위쪽이 더 튀어나와 보이거나, 윗가슴은 단단한데 아래쪽은 평평하다면 의심해볼 수 있습니다. 유두와 밑선 사이 거리가 짧고 유두가 아래쪽을 향한다면 더더욱 그렇습니다. 특히 눌렀을 때 윗쪽이 딱딱하게 느껴지고, 브라로도 모양이 잡히지 않는다면 구조적인 위치 이상일 수 있습니다.

이럴 때는 초음파 검사를 통해 피막 상태와 유선 위치를 확인하고, 정면과 측면에서의 보형물 위치를 비교 분석하는 것이 중요합니다.

✄ 어떻게 치료하나요?

윗볼록의 해결 핵심은 하부 공간을 충분히 확보해주는 것입니다. 기존의 박리 범위가 부족했다면 하부를 다시 박리해 보형물이 아래로 내려올 수 있도록 유도해야 하며, 이중평면 방식이 실패한 경우에는 정확한 해부학적 경계를 다시 잡아주는 재시행이 필요합니다. 보형물 위치도 하향 조정하고, 경우에 따라 낮은 프로젝션의 보형물로 교체해주는 것도 좋습니다. 구형구축이 동반되어 있다면 피막 일부분을 제거하거나 봉합해 재발을 방지합니다.

유앤유에서는 수술 전 시뮬레이션을 통해 유두와 보형물의 정점이 일치하는지 미리 확인하고, 수술 중엔 가급적 밑선절개를 통해 하부 공간을 정확하게 확보하는 방식을 택하고 있습니다. 수술 후에는 위쪽 압력을 조절할 수 있는 '윗밴드' 착용을 권장하며, 위치가 안정될 때까지 반복적으로 경과체크합니다.

✎ 회복 중에 주의할 점은?

수술 직후에는 상체를 숙이는 자세를 피하고, 하방 압력을 유도하기 위해 '윗밴드'를 착용하면, 보형물이 자연스럽게 내려와 자리를 잡는 데 도움이 됩니다. 체형에 따라 회복 속도는 다르지만, 2~3개월 차부터 자연스러운 위치가 잡히는 경우가 많습니다.

✎ 자주 듣는 질문들

Q "시간이 지나면 좀 나아지지 않을까요?"

A 일시적인 부기나 조직 긴장으로 인한 위치 이상은 대부분 1~3개월 내에 호전됩니다. 하지만 6개월 이상 개선이 없다면 단순히 기다리는 것보다는 정확한 진단을 받아보시는 것이 좋습니다. 구조적인 원인이 확실할 경우 교정이 필요할 수 있습니다.

Q "겨드랑이보다 밑선 절개가 더 정확한가요?"

A 밑선 절개는 보형물의 위치 조정에 있어서 훨씬 정밀한 수술이 가능합니다. 특히 윗볼록처럼 하부 공간 확보가 중요한 경우에는 밑선 절개가 유리하며, 겨드랑이 절개를 선택하더라도 내시경을 병행해야 정확성을 높일

수 있습니다.

    윗볼록은 단순히 미용적인 불만에서 그치지 않고, 잘못된 위치에 있는 보형물이 신체 움직임이나 옷맵시에 불편함을 주기도 합니다. 인위적이고 밥그릇 모양의 가슴에서 자연스럽고 조화로운 가슴의 위치로 회복하기 위해서는 무엇보다 원인을 정확히 파악하는 것이 첫걸음입니다. 그리고 그 여정을 함께할 수술팀이 이중평면법과 근막하평면법을 다루는데 신중하고 섬세하다면, 다시 만족스러운 결과를 기대할 수 있습니다.

〈 근막하, 이중평면 비교? 이 글 하나에 모두 정리해두었습니다. 〉

05 애니메이션 변형 (Animation Deformity)
- 힘을 쓸 때 보형물이 움찔 거린다면?

거울 앞에서 팔을 들어 올리거나, 물건을 들 때마다 가슴이 함께 위로 들리는 느낌을 받은 적이 있다면, 의학적으로는 '애니메이션 변형(Animation Deformity)'이라 부르는 현상인데, 가슴 보형물이 대흉근 아래에 위치해 있을 때 근육 수축에 따라 보형물이 함께 움직이면서 발생합니다.

특히 근육량이 많고 체지방이 적은 체형, 혹은 평소 운동을 많이 하는 분들에게서 더 자주 나타나며, 팔을 앞으로 뻗거나 상체를 쓰는 움직임 속에서 가슴이 불쑥 따라 올라오는 듯한 모습이 반복되면, 당사자 입장에서는 무척 당황스러울 수 있습니다. "증상(Symptom)"이라고 부르는 병적인 상태라기보단 애니메이션 "현상(Phenomenon)"이라 부르며, 마치 남성 보디빌더들이 가슴 근육을 한쪽씩 튕기듯 자연스러운 근육 반응의 일종이라고 설명하기도 합니다. 하지만 일상 속에서 시선이 신경 쓰이거나 불편함이 생긴다면, 더는 단순한 '현상'으로만 넘기긴 어렵습니다.

✒ 불편을 넘어선 신체의 언어

환자분들은 종종 "운동할 땐 괜찮은데, 거울 앞에서 팔을 모으면 가슴이 이상해져요"라고 말씀하십니다. 운동을 좋아해 근육이 잘 발달된 분들일수록, 혹은 기존에 근육하 평면에 보형물을 삽입했거나 Dual Plane(이중 평면법)이 제대로 시행되지 않았던 상황일수록 애니메이션 변형의 가능성은 더 커집니다.

그 이유는 보형물이 근육 아래에 위치해 있고, 근육이 수축할 때마다 그 힘을 고스란히 받기 때문입니다. 근육의 움직임이 피부에 바로 전해지다 보니, 마치 가슴이 살아 움직이는 것처럼 느껴지는 것이죠. 이처럼 구조적 이해가 동반되지 않은 채 수술이 진행되었거나, 이중평면법 시행 시에 근육 절제 범위가 충분하지 않았던 경우에는 변형이 더 뚜렷하게 나타납니다. 조직 두께 부족으로 대흉근의 말단이 피부에 유착된 경우에도 애니메이션현상처럼 보일 수 있습니다.

✒ 실제 경험에서 배운 교훈

한 환자분은 355cc의 보형물을 삽입한 후, 운동할 때마다 가슴이 위로 들리는 불편함을 호소하셨습니다. 근막하 평면으로 전환하고 보형물을

320cc로 교체하자 보형물의 움직임은 안정되었고, 자연스러운 가슴의 형태도 회복되었습니다. 또 다른 환자분은 대흉근이 특히 발달한 체형이었는데, 수술 당시 평면 전환 없이 Dual Plane을 유지한 채 근육의 움직임을 조정하고 고정하는 방식으로 수술을 진행했습니다. 결과적으로 애니메이션 변형은 충분히 억제되었고, 기존 보형물을 그대로 이중평면법으로 유지할 수 있었습니다.

이처럼 모든 경우가 꼭 보형물의 삽입 평면을 바꿔야 하는 것은 아닙니다. 이중평면법만으로도 대부분의 경우는 애니메이션 현상이 발생하지 않습니다. 환자마다 근육 상태, 조직 두께, 생활 습관이 다르기 때문에, 교정 방법도 그에 따라 달라져야 합니다.

✒ 유앤유의 맞춤형 전략

애니메이션 변형의 진단은 단순히 정적인 사진만으로는 어렵습니다. 팔을 움직였을 때 가슴이 어떻게 반응하는지, 보형물과 피막이 얼마나 유착되어 있는지, 그리고 대흉근의 절개 범위와 조직 상태까지 세심하게 살펴봐야 합니다. 유앤유에서는 수술 전 운동 습관과 체형, 근육 상태를 종합적으로 분석해 재수술 방향을 결정하고 있습니다.

경미한 증상이라면 정기적인 관찰과 상담으로 충분할 수 있고, 중등도의 변형이라면 근육을 조정하거나 고정하는 방식으로도 개선됩니다. 하지만 일상생활에 불편을 주는 경우라면 근막하 평면으로 전환하고 보형물의 크기와 형태를 조정하는 수술이 도움이 될 수 있습니다.

✎ 수술 후 회복은 어떻게 관리할까요?

재수술 이후에는 팔을 머리 위로 올리는 동작은 1주일 정도 피하는 것이 좋습니다. 부드러운 이완 스트레칭은 오히려 회복에 도움이 되며, 고강도의 상체 운동은 1개월 이후부터 단계적으로 다시 시작할 수 있습니다. 무리하지 않고, 몸의 반응을 세심하게 관찰하는 것이 가장 중요한 관리법입니다.

✎ 자주 듣는 질문들

Q "운동을 다시 해도 괜찮을까요?"

A 수술 후 1개월 정도 지나면 가벼운 유산소 운동부터 시작하실 수 있습니다. 다만, 가슴 근육을 강하게 수축시키는 운동은 반드시 상태를 확인한 뒤 재개하는 것이 안전합니다.

Q "평면을 꼭 바꿔야 하나요?"

A 그렇지 않습니다. 증상이 심하지 않다면 이중 평면법을 유지한 채로 근육 교정만으로도 충분히 해결되는 경우가 많습니다. 하지만 반복적으로 나타나거나 근육 수축이 강한 경우라면 평면 전환이 더 근본적인 해결책이 될 수 있습니다.

운동을 즐기거나, 활동적인 삶을 살아가는 분들에게 애니메이션 변형은 단지 심미적인 문제를 넘어서 기능적인 불편을 가져올 수 있습니다. 이를 단순한 '현상'으로 치부하지 않고, 몸이 보내는 신호로 받아들이는 것부터가 건강한 회복의 시작일 수 있습니다. 유앤유는 그 신호에 귀 기울이고,

근육의 움직임과 가슴의 자연스러운 조화를 동시에 만족시킬 수 있는 전략
을 함께 고민합니다.

〈 근막하, 이중평면 비교? 이 글 하나에 모두 정리해두었습니다. 〉

06 리플링
(Rippling)
- 피부 밖으로 보형물 주름이 보인다면?

수술 후 시간이 조금 지나, 문득 거울 앞에 섰을 때 가슴 옆선이나 아래쪽이 파도처럼 울퉁불퉁해 보였던 적이 있나요? 혹은 팔을 위로 들어 올릴 때, 누웠을 때만 그 물결이 더 도드라지듯 눈에 띈다면, 그 모습에 깜짝 놀라셨을 수도 있습니다. 가슴 보형물이 터지거나 구형구축이 발생한 것은 아닐까 걱정되는 마음도 들었을 겁니다.

이런 현상을 우리는 '리플링(Rippling)'이라고 부릅니다. 말 그대로 보형물의 주름이 피부를 통해 비쳐 보이는 현상인데요, 마치 잔잔한 물결(Ripple)처럼 보이기도 해서 붙여진 이름입니다. 정확히 말하면, 보형물의 주름이 겉으로 '보이는 것'이 리플링이고, 손으로 만졌을 때 느껴지는 울퉁불퉁한 질감은 '감지(Palpability)'라고 구분되지만, 실제로는 대부분의 환자분들이 이 둘을 큰 차이 없이 받아들이시곤 합니다.

🖋 얇은 피부층 너머의 진실

리플링은 얇은 피부와 지방층 아래 보형물이 있을 때 더 쉽게 드러납니다. 특히 출산이나 체중감소 후 조직이 얇아진 경우, 혹은 본래 마른 체형이신 분들에게서 자주 나타납니다. 그 어떤 보형물이든 완전히 평평하고 매끈할 수는 없기에, 피하조직이 충분하지 않으면 그 자잘한 주름이나 모양이 피부 너머로 비춰보일 수 있는 것이죠.

무언가가 잘못된 것 같지만, 리플링은 흔히 말하는 '병적인 상태'는 아닙니다. 보형물의 모양이 단지 피부 밖에서 관찰되는 하나의 '현상'일 뿐입니다. 다만, 그 모습이 일상에서 불편함이나 심리적 스트레스를 줄 정도라면 충분히 개선을 고려해볼 수 있습니다. 결국 중요한 건 수술 결과가 '눈에 보이는 것만큼 마음에도 들게 하는 것'이니까요.

🖋 우리 몸이 보내는 사인, 그리고 실제 사례들

한 예로, 출산 후 체중이 감소하고 근막하에 보형물을 삽입했던 한 환자분은 시간이 지나면서 외측 피부 아래로 울퉁불퉁한 파형이 나타났습니다. 초음파에서 보형물은 멀쩡했지만, 조직층이 얇아지며 리플링이 관찰된 경우였습니다. 이 환자에게는 보형물의 위치를 근육과 지방 아래로 바꾸는 'Dual Plane' 방식으로 전환하고, 탄성이 높은 스무스 실크 보형물로 교체하면서 외측에는 ADM(인공진피)을 덧대 안정감을 주었습니다.

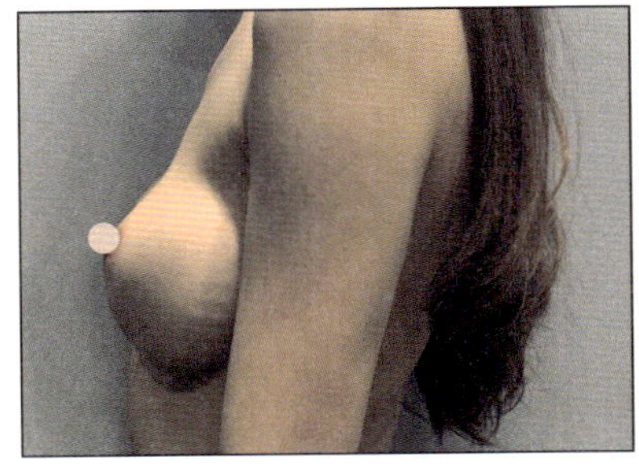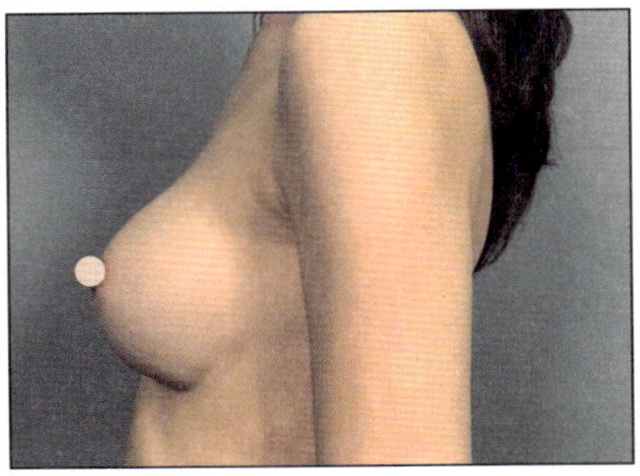

〈 마른 체형의 외측 리플링 재수술전 (좌), 재수술 후 (우) 〉

또 다른 환자분은 이중평면으로 수술받은 지 6년이 지났는데, 한쪽 가슴에서만 울퉁불퉁한 느낌이 느껴졌다고 했습니다. 초음파로 확인한 결과 특정 부위에서만 피하지방이 부족했는데, 해당 부위에 히알루론산 필러 주사와 동종진피이식술을 시행하자 증상이 눈에 띄게 완화되었습니다. 수면마취 하에서 간단히 주사로 시행할 수 있는 시술입니다.

📌 유앤유의 접근법 – '얇음'을 덮는 따뜻한 전략

유앤유에서는 리플링이 발생하기 쉬운 체형이나 피부 조건을 수술 전에 먼저 파악합니다. 얇은 피부, 마른 체형, 그리고 과거 수술 방식까지 꼼꼼히 확인한 후, 보형물의 위치나 조직 커버링 전략을 맞춤 설계합니다. 이중평면을 활용해 근육 덮개를 추가하거나, 지방이식을 병합하는 하이브리드 성형도 고려할 수 있습니다. ADM을 사용하는 조직 보강 역시 좋은 대안이됩니다.

리플링은 단순히 '보형물 문제'가 아니라, 보형물 위를 덮는 조직이 얼마나 안정적이고 충분한가의 문제이기 때문에, 얇은 조직일수록 더욱 세심한 접근이 필요합니다.

◈ 회복과 관리, 그리고 앞으로의 예방

리플링 개선을 위해 지방이식을 함께 시행한 경우에는 수술 후 3주간 마사지를 피해야 합니다. 또 보형물이 안정적으로 자리를 잡을 수 있도록 보정 브라 착용을 유지하고, 피부 재생을 돕는 보조 요법을 병행하면 회복 속도가 더욱 빨라집니다.

예방을 위해서는 수술 전 체형에 맞는 보형물을 선택하는 것이 중요합니다. 특히 마른 체형의 경우 조직 두께를 확보할 수 있도록 수술 평면을 근막하보다는 이중평면으로 계획하는 것이 유리합니다. 때로는 리플링은 상관없고 볼륨감이 더 중요하다고 판단하시는 경우 어느 정도의 리플링을 감수하고 큰 보형물을 선택하시기도 합니다. 리플링은 병적인 상태가 아니기 때문이죠.

Q "리플링은 꼭 보형물을 바꾸지 않아도 치료 가능한가요?"

A 네. 리플링이 경미한 경우라면 피막교정술만으로도 충분히 개선될 수 있습니다. 하지만 중등도 이상이라면 보형물의 평면을 바꾸거나 교체가 필요할 수 있습니다.

Q "리플링이 생기면 보형물이 찢어진 건가요?"

A 아닙니다. 리플링은 보형물의 파열과는 무관합니다. 파열은 보형물 자체의 손상이고, 리플링은 보형물 위를 덮는 조직이 얇아져 보형물이 외부

에서 관찰되는 현상입니다. 확실한 구분을 위해서는 초음파 검사가 권장됩니다.

리플링은 때로는 아주 사소해 보이지만, 거울 속 자신의 모습에 아쉬움을 남기곤 합니다. 가슴 바깥쪽이나 아래쪽의 리플링은 그나마 봐줄만 하지만, 가슴골 쪽의 리플링은 골이 파인 옷이나 수영복을 입을 때 스트레스를 많이 받습니다. 하지만 그 원인을 정확히 이해하고, 나에게 맞는 해결법을 찾는다면 다시금 가슴 모양이 부드럽고 자연스럽게 정돈될 수 있습니다. 유앤유는 그 변화의 곁에서 함께 고민하고 해결책을 찾겠습니다. 당신의 몸을 이해하고, 마음까지 만족하는 성형, 그게 유앤유가 추구하는 방향입니다.

〈가슴리플링? BMI 기준 저체중에 속한 분들만큼은 꼭 봐주시기 바랍니다. 〉

〈가슴리플링? 국제 성형외과계 학술지로 보는 원인과 주의 사항. 〉

〈 가슴수술, 보형물만으론 부족할 때? 하이브리드 가슴성형 비밀 공개!〉

07 비대칭
(Asymmetry)
- 좌우가 달라 보여 고민이라면?

완벽한 대칭이 아닌 '시각적 균형(Visual Equilibrium)'을 위한 수술

가슴성형 재수술 환자들이 가장 자주 호소하는 문제 중 하나는 '비대칭' 입니다. 비대칭은 말 그대로 양쪽 가슴의 크기, 모양, 위치, 유두 방향, 높낮이 등이 서로 다르게 보이는 상태를 말합니다. 가슴성형 재수술 환자 중 가장 많은 비율을 차지하는 불만 유형으로, 수술 전부터 있었던 구조적 비대칭인지, 수술 후 발생한 기능적 비대칭인지 파악하는 것이 핵심입니다. 좌우 유두의 높이가 다르거나, 브래지어를 착용했을 때 한쪽만 들뜨는 느낌, 혹은 사진을 찍을 때 유독 한쪽만 더 커 보이는 현상 등. 환자 스스로 느끼는 불균형은 생각보다 훨씬 예민하고, 실제 수술 후 만족도에도 큰 영향을 미칩니다.

그렇다고 해서 모든 환자의 가슴을 완벽히 대칭으로 만드는 것이 가능할까요? 결론부터 말하자면, 해부학적으로 대칭은 불가능에 가깝습니다. 대부분의 사람은 흉곽의 모양, 늑골의 각도, 유방 기저면, 심지어 척추의 축까지 골격의 비대칭적 요소를 가지고 있기 때문입니다. 가슴확대술이 골격의 비대칭을 교정할 수는 없고 근육의 크기 및 발달 정도, 신경의 위치 등은 더더욱 맞추기 어렵습니다. 그렇기에 가슴 성형에서의 '비대칭 교정'은 단순히 수치를 맞추는 과정이 아니라, **환자 개개인의 신체적 특성과 인식의 중심을 파악하고, 시각적 균형을 중심으로 전략을 세우는 예술적인 조정 작업**입니다.

〈 이 유명한 로고는 완전 비대칭이지만 시각적 균형은 잘 맞습니다 〉

✎ 모양의 차이는 어떻게 생길까요?

가장 먼저 고려해야 할 건 선천적인 비대칭입니다. 유방 자체의 크기나 유두의 위치, 흉곽 구조의 차이로 인해 태어날 때부터 양쪽이 다르게 형성된 경우입니다. 이 경우, 대칭을 맞춘다는 목표보다는 시각적으로 얼마나 조화롭고 자연스러운 라인을 만들어낼 수 있는지가 핵심이 됩니다.

수술 후 생기는 비대칭도 적지 않습니다. 보형물 위치가 한쪽만 살짝 올라가 있거나, 피막 유착이 비대칭적으로 발생하면서 양쪽 움직임이 달라지기도 합니다. 박리 범위나 포켓 설정이 다르거나, 피막이 너무 타이트하게 잡힌 쪽이 한쪽만 작아 보이게 될 수도 있습니다.

또 한 가지 간과하기 쉬운 것이 '기능적인 비대칭'입니다. 평소 자세나 팔을 쓰는 습관, 근육의 불균형으로 인해 가슴이 다르게 보이는 경우죠. 특히 한쪽 팔을 더 자주 쓰거나, 어깨 높이가 다를 경우 육안상 비대칭이 강조되기도 합니다.

🔖 하나를 맞추면 하나가 어긋나는 구조

가슴의 비대칭은 다양한 원인에서 비롯되며, 단순히 보형물 크기만 바꾼다고 해결되지 않는 복합적인 문제입니다. 보형물의 용량, 위치, 유두의 방향, 흉곽의 기울기, 밑선의 높이 등 모든 요소가 서로 영향을 주기 때문에, 하나의 요소를 맞추면 또 다른 곳이 어긋나는 일이 흔히 발생합니다. 결국 중요한 것은 **'무엇을 우선 맞출 것인가'**에 대한 전략적인 판단입니다. 비대칭 수술의 어려움은 바로 여기에 있습니다. 한 가지를 맞추면 다른 하나가 달라진다는 것. 예를 들어 좌우 유두의 높이를 맞추기 위해 밑선을 재조정하면, 보형물의 위치와 박리 범위가 바뀌게 되고, 이로 인해 좌우 볼륨이나 감촉이 달라질 수 있습니다. 반대로 좌우 볼륨 밸런스를 중심으로 보형물 사이즈를 설정하면, 유두의 위치가 수직축에서 살짝 벗어나 보일 수 있습니다. 가슴의 좌우를 비교할 때 아래의 요소 중에서 어떤 것을 먼저 감각적으로 인지하는지가 무엇을 위주로 비대칭을 우선 교정할 것인가의 기준점이 됩니다.

- 0차원 : 점 (유두의 높낮이, 유두의 돌출도)
- 1차원 : 선 (밑선의 높이 차이, 윗선의 높이 차이)
- 2차원 : 면 (정면에서의 원의 넓이, 위에서 봤을때 삼각형의 넓이)
- 3차원 : 부피 (손으로 만졌을 때의 볼륨감)
- 4차원 : +시간 (나이가 들면서의 중력에 따른 변화)

이처럼 **비대칭 교정은 절대값의 문제보다 '상대적 조화'의 문제**입니다. 한 요소를 고정하면 나머지는 그 기준에 맞게 조율해야 하며, 이는 수술자의 임상 경험과 감각에 의존하는 부분이 많습니다. 하지만 환자가 받아들이는 심리적 비대칭감이 클수록 재수술 요청이 많기 때문에 수술자보다는 환자의 의견을 중시해야 합니다.

🔖 우선순위를 정하는 것이 수술의 출발점

그래서 유앤유에서는 항상 수술 전 상담에서 이 질문부터 시작합니다. "환자분이 거울을 보면서 제일 먼저 신경 쓰이는 부분은 어디인가요?"

누군가는 "유두 위치가 달라요"라고 말하고, 또 어떤 이는 "왼쪽만 커 보이는 게 너무 싫어요"라고 합니다. 이처럼 **환자가 느끼는 심리적 중심**은 실제 수술 계획의 기준이 됩니다. 의료진 입장에서는 좌우 유방의 밑선이나 흉곽 각도가 더 문제라고 판단될 수 있지만, 환자가 그것을 인식하지 못한다면, 수술 후 만족도를 높이기는 어렵습니다.

이러한 우선순위 설정을 바탕으로, 박리 범위, 포켓 위치, 보형물의 크기나 프로젝션, 밑선의 재교정 여부 등을 조합합니다. 예를 들어 유두 중심선이 기준이 되는 경우, 유두를 정중앙에 맞추고 나머지 요소들을 그 기준선에 조화시키는 식입니다. 반대로 볼륨 중심이 우선일 경우, 유두는 약간의 위치 차이를 허용한 채 전체 실루엣과 곡선의 연결감을 중요하게 조절합니다. 이러한 우선순위 설정을 통해 **시각적으로 가장 자연스러운 균형**을 추구하고 있으며 수술자는 대칭의 절대값보다는, **환자가 받아들이는 시각적 밸런스를 기준으로 계획을 세우는 것이 중요합니다.** 이를 위해서는 수술 전부터 수술 후까지, 모든 과정을 통해 '어느 요소를 가장 중요하게 볼 것인가'에 대한 명확한 기준을 세우는 것이 핵심입니다.

〈 도형의 종류는 비대칭이지만 개수와 배치만 같아도 비슷해 보입니다. 〉

✏️ 시각적 대칭을 만드는 기술적 접근

수술 기술의 핵심은 포인트별 우선순위를 기반으로 박리 범위와 방향을 조절하는 데 있습니다. 유두 높이가 다를 경우에는 밑선의 위치를 조정해 보형물의 수직적 중심축을 바꾸거나, 보형물의 사이즈를 양측 다르게 선택해 볼륨 차이를 조율합니다.

이 과정에서 가장 많이 사용되는 방법 중 하나가 **비대칭 보형물 삽입**입니다. 예를 들어, 좌측이 더 크고 처져 있는 환자에게는 345cc, 우측에는 325cc 보형물을 사용하고, 좌측 밑선을 재설정하여 중심축을 맞춥니다.

오른쪽에는 350cc, 왼쪽에는 205cc의 보형물을 넣어 좌우를 맞춰 준 케이스도 있습니다. 때로는 피막이 한쪽만 두껍게 유착되어 있는 경우, Total capsulectomy를 통해 기존 피막을 제거하고 새로운 공간을 형성해야 합니다. 똑 같은 사이즈의 보형물을 넣어 원래있던 신체의 비대칭이 부각되어 보이는 경우가 있습니다. 아래의 케이스는 첫수술에 양쪽 400cc 똑같이 넣었는데 우측 가슴이 훨씬 커 보입니다. 재수술은 우측에 550cc, 좌측에 625cc를 삽입하여 75cc의 차이로 시각적 균형을 이루었습니다.

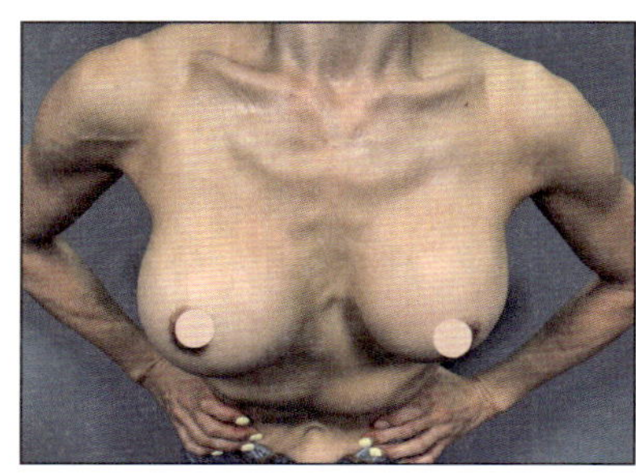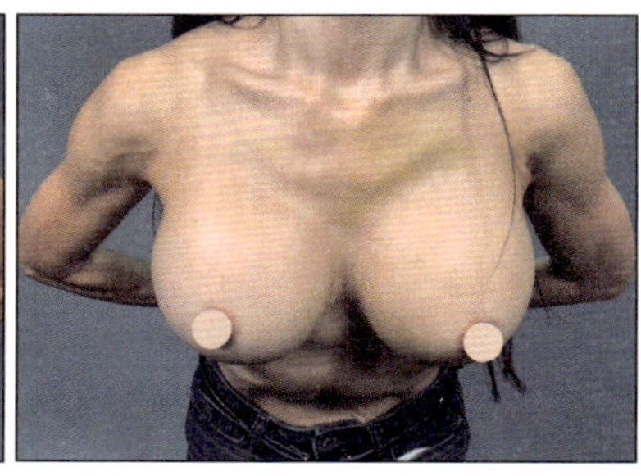

<재수술 전 양쪽 400cc/400 cc, 재수술 후 550cc/625 cc>

중요한 것은 어떤 수술 기법을 사용하든, 결국 환자의 눈에 어떻게 보일 것인가, 다시 말해 '시각적 균형'을 기준으로 설계한다는 점입니다.

수술 후에도 변하는 비대칭

게다가 수술 후 가슴의 모양은 계속 변하고, 중력과 팔사용 정도에 따라 양쪽이 다르게 변할 수 있습니다. 수술이 잘 끝났다고 해서 모든 비대칭이 해결되는 것은 아닙니다. 수술 후 회복 과정에서도 양측의 붓기, 피막 유착 정도, 근육 긴장도 등이 서로 달라지기 때문에, 초기 몇 개월간은 오히려 비대칭이 도드라져 보일 수 있습니다. 이 시기를 무조건적인 결과 판단의 시점으로 보기보다는, 전체적인 변화 흐름 속에서 점차 안정되어 가는 과정을 함께 관찰하고 조정해 나가는 것이 현실적인 접근입니다. 수술 후 초기 몇 개월 동안은 좌우의 붓기 속도, 피막의 회복 정도, 근육의 긴장도 등이 서로 다르게 나타납니다. 특히 이중 평면법으로 수술을 시행한 경우에는 보형물 위쪽을 누르는 근육의 강도 차이로 인해, 좌우 위치가 미묘하게 다르게 보일 수 있습니다. 특히 가슴성형은 중력의 영향을 많이 받는 수술이기 때문에 수술 후 수년이 경과하면 좌우 비대칭과 시각적 불균형이 생길 수 밖에 없음을 알고 계셔야 합니다.

🔖 환자의 심리적 만족을 위한 커뮤니케이션

비대칭은 외형적인 차이뿐 아니라 마음의 균형에도 영향을 줄 수 있습니다. 유앤유는 그 차이를 무시하지 않고, 오히려 더 정밀하게 들여다보며 해결해가는 과정에 함께하겠습니다. '균형 잡힌 아름다움'이란 단지 수치로 측정되는 것이 아니라, 그 사람에게 가장 잘 어울리는 모습입니다.수술이라는 과정은 기술뿐 아니라, 신뢰를 기반으로 한 심리적 공감도 함께 움직이는 여정입니다.

🔖 결론: 비대칭은 수학이 아니라 설계다

비대칭 교정은 단순한 수학 문제가 아닙니다. 정답이 정해진 계산식이 아닌, 사람마다 다른 기준점을 바탕으로 조화를 맞추는 설계입니다. 해부학적으로 대칭은 어려울지 몰라도, 환자가 거울 앞에 섰을 때 "이제는 신경 쓰이지 않는다"라고 말할 수 있다면, 그것이 바로 성공적인 비대칭 교정입니다.

그리고 그 첫걸음은, **무엇이 가장 중요한가? 어디를 중심으로 볼 것인가?**를 수술자와 환자가 함께 정하는 데서 시작됩니다.

〈 가슴비대칭, 성형하면 맞출 수 있을까? 〉

〈가슴성형 케이스리뷰] 비대칭 짝가슴 가슴수술로 극복하다! 〉

〈[가슴성형 케이스리뷰] 서로 다른 타입의 보형물로 볼륨의 차이를 줄일 수 있을까? 〉

결론

이 책을 마무리하면서 가장 강조하고 싶은 메시지는 '가슴성형 재수술은 두려움의 대상이 아닌, 회복과 희망의 기회'라는 점입니다. 많은 환자들이 첫 수술 결과에 만족하지 못하거나, 시간이 지나며 생기는 변형과 부작용으로 인해 심리적 스트레스를 받게 됩니다. 하지만 정확한 진단과 숙련된 수술 전략이 결합된다면, 재수술은 훨씬 더 안전하고 완성도 높은 결과로 이어질 수 있습니다.

유앤유성형외과는 재수술 환자들과의 수많은 상담과 수술 경험을 통해, 환자의 마음을 가장 잘 이해하는 병원으로 성장해왔습니다. 수술실 안에서는 해부학적 분석과 기술이, 수술실 밖에서는 환자와의 공감이 가장 중요한 수술 성공 요소임을 강조합니다.

유앤유성형외과가 추구하는 재수술은 단순한 교정이 아닙니다. '내가 왜 재수술을 해야 했는지'에 대한 이유를 환자가 납득하고, 이후 결과에 대한 예측과 이해가 바탕이 되어야 한다는 원칙이 있습니다. 이를 위해 우리는 모든 환자에게 충분한 설명, 초음파 기반 진단, 시뮬레이션 영상, 사례 기반 상담을 통해 신뢰를 쌓고 있습니다.

또한 이 책은 가슴성형 재수술에 대한 정보의 비대칭을 해소하고자 하는 목적도 함께 지닙니다. 온라인에서 쉽게 접할 수 없는 실제 수술 사례, 의료진의 시선, 그리고 현실적인 수술 후 관리법까지 담아냈습니다. 이를 통해 재수술을 고려 중인 많은 환자들이 '혼자 고민하지 않아도 된다'는 안도감을 가질 수 있길 바랍니다.

마지막으로 이 책을 읽으신 여러분께 부탁드리고 싶은 한 가지는, 자신에게 맞는 수술 방법과 병원을 찾기 위한 '질문'을 계속 던지라는 것입니다. 제대로 된 질문은 반드시 더 나은 의학적 선택으로 이어집니다.

유앤유성형외과는 그 질문에 정직하게 답하고, 끝까지 책임지는 파트너가 되어드릴 것을 약속드립니다.

가슴성형 재수술, 혼자 고민하지 마세요.

이 책이 여러분의 결정에 작지만 분명한 용기를 보태 드릴 수 있기를 바랍니다.

모티바는 모티바가 인정한
유앤유에서!

2024년(1월~12월)
모티바 보형물 사용량
1위 병원 선정

2024 모티바
그랜드어워드 수상

2025
모티바 KOL 위촉

2024
모티바코리아 워런티
통계 데이터 기준
MOTIVA NO.1 CHAMPION
사용량 1위 병원

3023

2024년 식약의약품안전처 집계 기준
3023건의 가슴 보형물을 이식하였습니다.

UU BRA
브라 피팅센터 *Open!*

Calvin Klein

UNIQLO

UU BRA

aimerfeel

CUBRA

UU BRA 3종 세트

성형외과 전문의들의 연구와 토론을 거쳐 개발한
UU 커스텀 브라

여름도 걱정 없는 **유앤유 가슴성형**
빠르고 시원하고 편안하게!

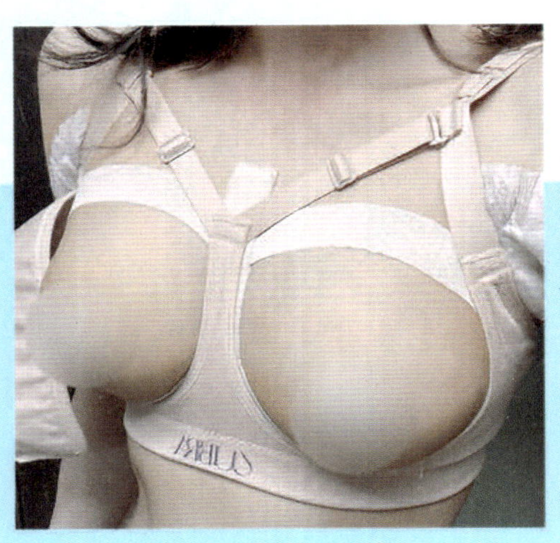

보정브라 **1주만**

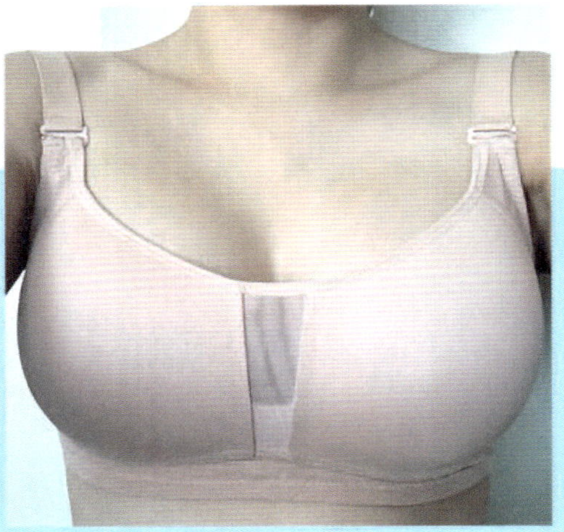

스포츠브라 **2주만**

21년의 기술력과 노하우를 집약해
불필요한 회복 과정을 줄여
압박붕대 **필요없음**

유앤유 가슴성형 왜 안아파요?
통증 요소를 이중으로 예방!

Since 2002
20년 경력의 가슴성형 노하우

예쁜 가슴 모양을 잘 아는 유앤유의 노하우로
정교하고 섬세한 수술 진행

70인치 Full HD 내시경
조직 손상과 출혈을 DOWN

주변 조직의 손상을 줄이고
수술 중 발생할 수 있는 미세 출혈까지
철저히 지혈

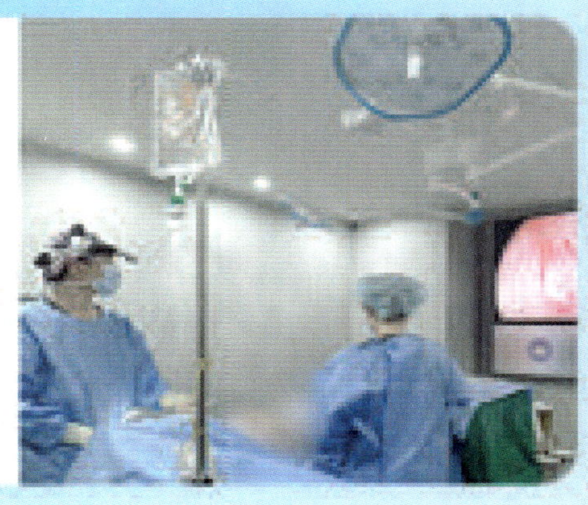

조직 손상, 출혈 등 통증 유발 요소를 미연에 방지해
통증을 현저하게 줄여 첫날부터 덜 아픈 가슴성형을 위해
노력합니다.

원스탑 원내검사

U&U는 수술 전 전신마취 검사를 포함한
유방암 검진 모두 원내에서 가능합니다.

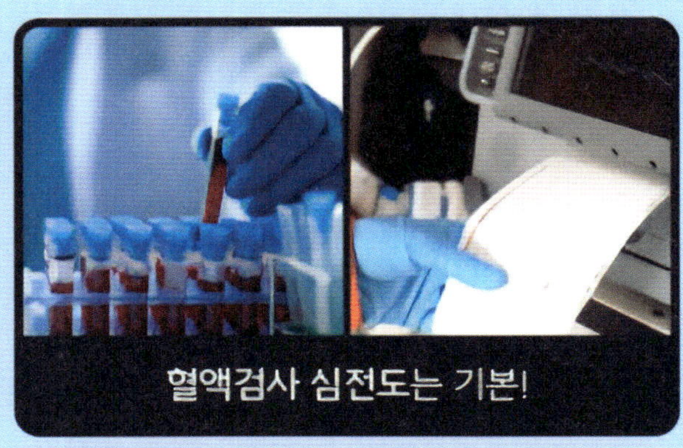

혈액검사 심전도는 기본!

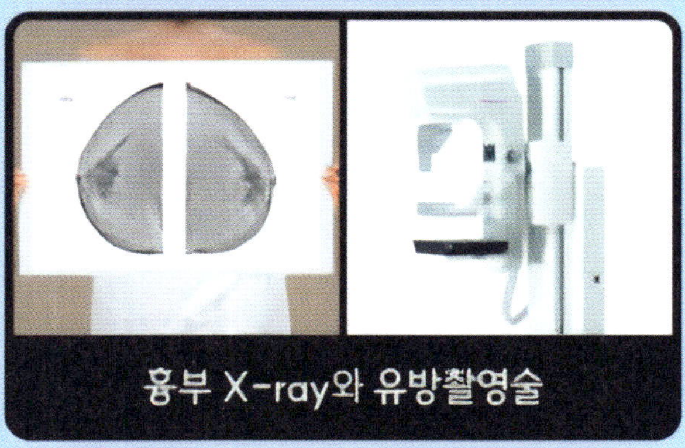

흉부 X-ray와 유방촬영술

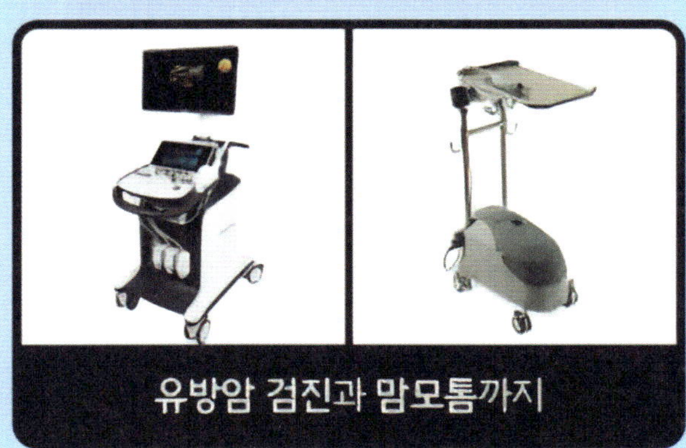

유방암 검진과 맘모톰까지

철저한 안전 시스템

하루 최대 3회만 수술 진행

· 의료진의 피로도, 수술시간 고려
· 온전히 당신에게 집중합니다

Dual CCTV 열람 가능

· 시작부터 봉합까지 전 과정 그대로 녹화
· 대리 수술 걱정 없는 안전 수술

안심·마취 수술 시스템

· 마취통증의학과 전문의 상주
· 가슴 환자만 1:1 모니터링

응급상황에도 안전하게

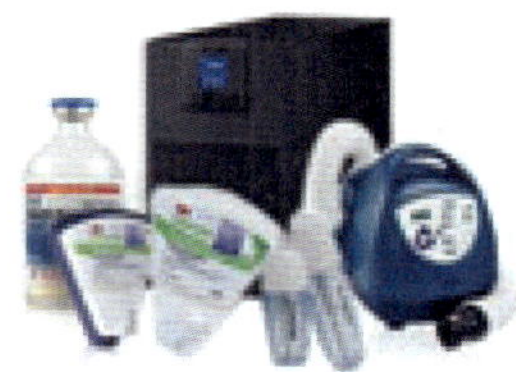

UPS 자가발전, 단트롤렌, Avagard,
통증조절장치, 체온유지기 등 다양한 상황에
대처 가능한 장비 보유

3중 응급콜 시스템

응급상황 대처를 위한 응급콜 번호 3개

(010-xxxx-xxxx)

(010-xxxx-xxxx)

(010-xxxx-xxxx)

사후관리 구성도 남다른 U&U
프리미엄 사후관리

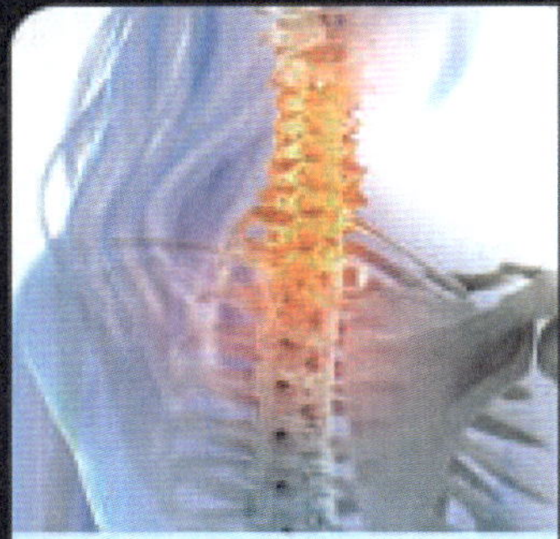

온열등마사지

U&U케어파우치

캡슐러티스

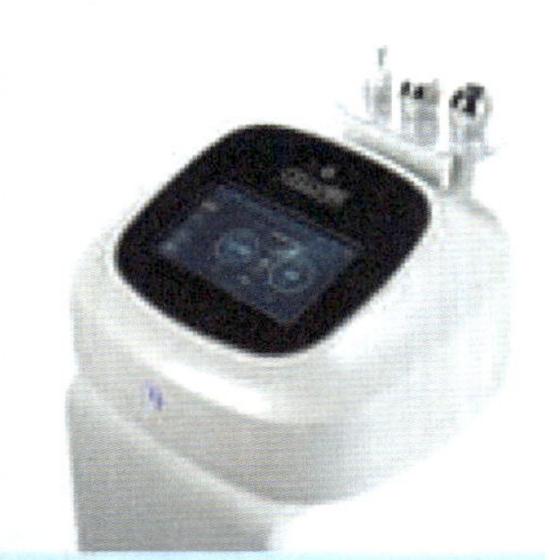

고주파 or 초음파

힐라이트

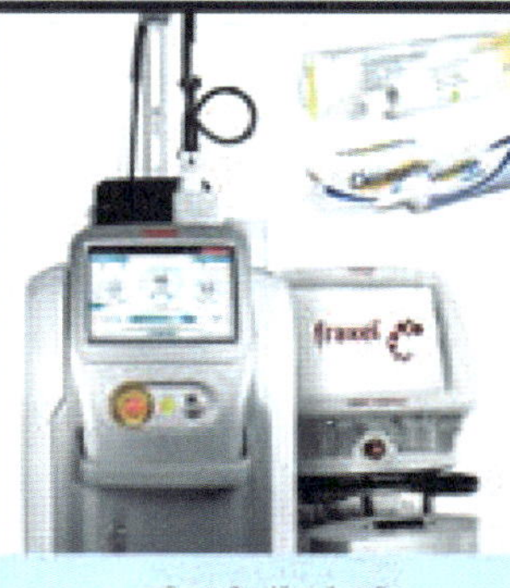

흉터레이저

수술 결과가 잘 나왔다고 끝이 아닙니다.
수술 후에 더 소중하게, **U&U** 애프터케어

이런 사후관리 보셨어요?

물리치료 After 가슴성형

- 특수 제작 기구 사용(보형물 맞춤)
- 전문 자격증 소지 여성 물리치료사
- 전용 치료실에서 1:1 맞춤 진행

통증치료   물리치료, 도수치료
운동치료   소도구 운동, 재활 스트레칭
습관교정   잘못된 자세 및 습관 교정

필라테스 After 가슴성형

- 전문 자격증을 소지한 필라테스
  여성 강사
- 가슴 회복 정도에 따른 커리큘럼
- 부종 완화, 당김/뭉침 현상 해소
- 목, 어깨 등의 통증 감소
- 절제된 신경과 근육의 운동감각 향상

가슴골 채우기

이런 분들께 추천해요

가슴 보형물 수술 후 가슴골 보완을 원하는 경우

가슴 보형물 수술 후 리플링 개선을 원하는 경우

MegaFill® 이란?

인체조직 재건을 목적으로 사용하는 재료로
이때 사용하는 동종 진피의 경우
유방전절제를 한 후 얇은 피부를 덧대는 용으로 사용하며
식약처 승인을 받은 안전한 재료입니다.

가슴성형 후 가슴골 충전
Before & After

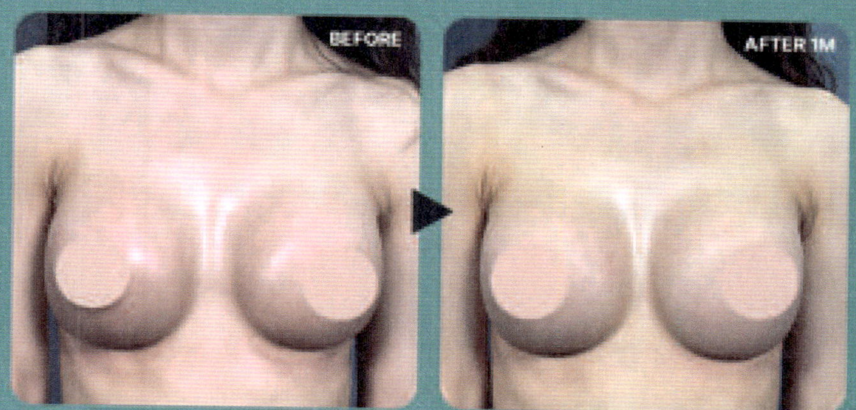

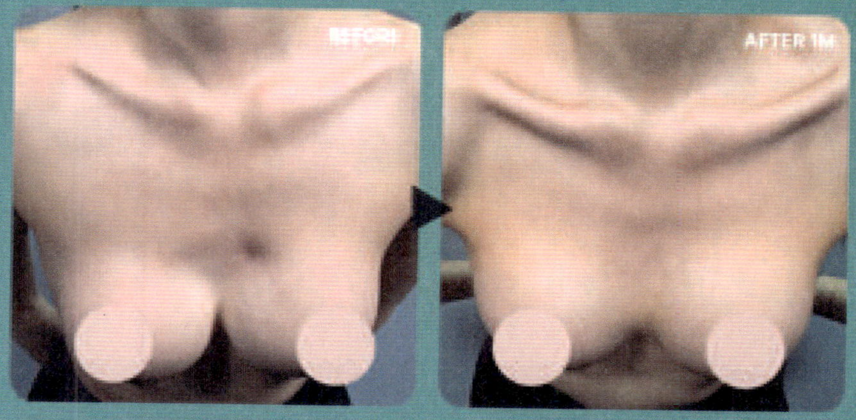

모티바 가슴성형의 새로운 접근 !

Motiva Preservé는 Motiva사의 보형물을 **특수제작 기구**를 이용하여
삽입하는 방법으로 수술 외상(trauma)을 줄이고,
정상 조직 보존(Tissue Preservation)을 목표로 하는 수술법입니다.

유앤유 이중평면법과의 비교

항목	이중평면법	Motiva *Preservé*
절개	4-5cm (평균)	2.5cm~3.5cm (평균)
마취	전신마취	수면 or 국소 마취 가능
조직 박리	전기 열소작기 사용	풍선으로 진행
회복	상대적으로 느린 편	상대적으로 빠른 편
감각 유지	일부손상 가능	보존 가능성 높음

U&U Plastic Surgery

LOCATION

서울 강남구 논현로 819 명광빌딩 3층 (신사동 586)

3호선 압구정역 4번 출구에서 도보 5분

지상 발렛파킹 가능

진료시간

월 - 목 10:00 AM ~ 07:00 PM   토요일 10:00 AM ~ 04:00 PM

금요일 10:00 AM ~ 09:00 PM   일요일 휴진

가슴, 재수술 이제는 건강한 가슴

초판 1쇄 인쇄 | 2025년 12월 25일

지은이 | 유엔유성형외과

편집 기획 | 장광호

발행처 | 청춘미디어

출판등록 | 제2014년 7월 24일, 제2014-02호

전화 | 010) 3630 - 1353

메일 | stevenjangs@gmail.com

홈페이지 | https://chmediabook.com/

ISBN 979-11-93430-12-5

책값 9,900원 (구천 구백 원)